LA CAMARADERIE,

OU

LA COURTE-ÉCHELLE,

COMÉDIE EN CINQ ACTES ET EN PROSE,

PAR

M. EUGÈNE SCRIBE,

DE L'ACADÉMIE FRANÇAISE;

Représentée pour la première fois, à Paris, sur le Théâtre Français, par les comédiens ordinaires du Roi, le 19 janvier 1837.

DISTRIBUTION DE LA PIÈCE :

LE COMTE DE MIREMONT, pair de France..........	M. SAMSON.
CÉSARINE, sa femme.........................	Mᵈᵉ VOLNYS.
AGATHE, fille du comte de Miremont, née d'un premier mariage...........................	Mˡˡᵉ PLESSY.
EDMOND DE VARENNES, jeune avocat............	M. MENJAUD.
BERNARDET, médecin.....................	M. MONROSE.
OSCAR RIGAUT, cousin de Césarine...............	M. RÉGNIER.
M. DE MONTLUCAR, grand seigneur, homme de lettres.	M. PROVOST.
ZOÉ, sa femme........................	Mˡˡᵉ ANAÏS.
DUTILLET, libraire.......................	M. DAILLY.
SAINT-ESTÈVE, poète-romancier.................	M. COLSON.
DESROUSSEAUX, peintre..................	M. L. MONROSE.
LÉONARD,	M. ARSÈNE.
SAVIGNAC, } camarade.................	M. MONLAUR.
PONTIGNY,	M. MATHIEU.
UN DOMESTIQUE de M. de Montlucar...........	M. FAURE.
UN DOMESTIQUE de M. de Miremont..............	M. ALEXANDRE.
DOMESTIQUES d'Oscar.	

La scène se passe à Paris : au premier acte, chez M. de Montlucar; au deuxième, chez Oscar; les trois derniers chez M. de Miremont.

ACTE PREMIER.

Le théâtre représente un salon; porte au fond, deux portes latérales; à gauche, une table et ce qu'il faut pour écrire; à droite, un bureau couvert de livres et de papiers.

SCÈNE I.

ZOÉ, M. DE MONTLUCAR *.

ZOÉ, à gauche à une table, écrivant, pendant que M. de Montlucar est debout près d'elle.

Il me semble, monsieur, que voici déjà bien

---

* On a observé, dans l'impression, l'ordre des places des personnages, en commençant par la gauche des spectateurs. Les changements de places qui ont lieu dans le cours des scènes sont indiqués par des renvois au bas des pages.

---

du monde. Notre salon ne tient que cent cinquante personnes.

M. DE MONTLUCAR.

Allez toujours.

ZOÉ.

Et voici déjà plus de trois cents invitations.

M. DE MONTLUCAR.

Eh! madame, c'est ce qu'il faut. Sans cela on pourra entrer... et si on entre, autant ne pas recevoir... C'est dire qu'on ne connaît personne, qu'on n'est pas répandu, qu'on n'a pas d'amis.

ZOÉ.

Et il vaut mieux entasser ses amis dans l'antichambre.

M. DE MONTLUCAR.

Certainement... et quelques-uns même sur l'escalier; c'est bon genre...

ZOÉ, se remettant à écrire.

Je continue. « Décembre, 1836. Monsieur et madame de Montlucar prient monsieur... »

M. DE MONTLUCAR.

« Monsieur le maire de Saint-Denis... de leur « faire l'honneur de, etc. »

ZOÉ.

C'est vrai!... je n'y pensais plus... Il y a un député à nommer à Saint-Denis... Une belle occasion pour vous, monsieur, qui avez là des propriétés et une manufacture...

M. DE MONTLUCAR.

Moi, madame, y pensez-vous? me mettre sur les rangs... avec mes opinions! Il faudrait qu'on me priât bien!... et encore... Avez-vous mis sur la liste mon ami le docteur Bernardet?

ZOÉ.

Oui, monsieur.

M. DE MONTLUCAR.

Mon ami Dutillet, le libraire! le génie de la librairie! mon ami Desrouseaux le paysagiste... le génie de la peinture, celui-là!

ZOÉ.

Une chose qui m'étonne, monsieur, c'est que vos amis sont toujours des génies.

M. DE MONTLUCAR.

Oui, madame... on n'a plus que de cela maintenant, tout génie!

ZOÉ.

C'est fâcheux! car si on avait un peu d'esprit, cela ne ferait pas de mal.

M. DE MONTLUCAR.

Eh! madame... est-ce qu'on a le temps?... c'était bon autrefois... dans des temps de niaiseries et de futilités... au temps de Voltaire ou de Marivaux; mais ce n'est pas dans un siècle aussi grave et aussi occupé que le nôtre... qu'on irait s'amuser... à faire de l'esprit... c'est bon pour les sots! mais nous autres! Avez-vous écrit à mon ami Oscar Rigaut, l'avocat... qui fait des vers élégiaques?

ZOÉ.

Oui, monsieur.

M. DE MONTLUCAR.

J'avais dit que l'on prît six exemplaires de ses poésies funèbres... Ah! les voilà!

ZOÉ.

Six exemplaires!... d'un livre détestable.

M. DE MONTLUCAR.

Voulez-vous vous taire!

ZOÉ.

C'est inconcevable... je ne suis plus maîtresse de mes actions ni de mes discours! Dès que je trouve un ouvrage mauvais... « Voulez-vous bien vous taire! » Hier encore à l'Opéra la musique la plus ennuyeuse! « Voulez-vous bien ne pas bâiller! » On ne pourra plus bâiller à l'Opéra maintenant!

M. DE MONTLUCAR.

Eh! non, madame; il y avait là des amis qui vous regardaient, et même, si vous aviez un peu d'affection pour moi, vous auriez applaudi.

ZOÉ.

C'est trop fort!... et je ne vous comprends pas!... Vous, monsieur le comte de Montlucar, qui, par votre naissance et votre fortune, faites de la science pour votre plaisir, vous dont tous les ouvrages se vendent à vingt éditions... vous passez votre vie à vanter, à prôner une foule de gens médiocres dont vous vous faites l'apôtre et l'enthousiaste... j'ignore dans quel but... M. Oscar Rigaut, par exemple, ce poète-avocat dont vous dites tant de bien... et lors de votre procès pour votre manufacture de Saint-Denis, ce n'est pas lui que vous avez choisi.

M. DE MONTLUCAR.

Il est si occupé!

ZOÉ.

Il ne plaide jamais... vous avez préféré un jeune homme dont vous dites toujours du mal... M. Edmond de Varennes, qui a gagné votre procès... Bien mieux encore, ce médecin homme du monde dont vous ne pouvez vous passer... M. Bernardet...

M. DE MONTLUCAR.

Homme prodigieux! homme phénomène, qui a mis du génie dans la médecine.

ZOÉ.

Vous engagez tous vos amis à se faire traiter par lui, et à votre dernière maladie vous en avez pris un autre.

M. DE MONTLUCAR, vivement.

En secret!... et je vous prie de n'en parler à personne! je n'ai pas besoin de me mêler de propos et de coteries, moi qui par ma position suis indépendant... Oui, madame... l'indépendance de l'homme de lettres qui ne flatte aucun parti, se passe de tout le monde et n'a besoin de personne... Avez-vous envoyé une invitation à M. de Miremont?

ZOÉ.

Le pair de France...

M. DE MONTLUCAR.

Du tout... je me moque bien de son titre et de sa qualité... mais il est propriétaire d'un journal très répandu...

ZOÉ.

Peu m'importe!... je n'aime pas sa femme.

M. DE MONTLUCAR.

Une femme charmante... (A demi-voix.) Une femme redoutable que l'on rencontre partout! dans les salons du ministère ou dans ceux de la banque... Une femme qui intrigue, qui juge, qui tranche, qui dans une soirée fait et défait vingt réputations.

ZOÉ.

A commencer par la sienne... Une coquette, une bégueule, une orgueilleuse... autrefois avec nous dans la même pension, et qui maintenant nous regarde à peine du haut de la pairie où elle est tombée... Je ne l'inviterai pas.

M. DE MONTLUCAR.

Ma femme!

ZOÉ.

J'inviterai Agathe, sa belle-fille... qu'elle rend si malheureuse; Agathe de Miremont, autrefois aussi ma camarade de pension, et si aimable celle-là, si douce, si bonne. Et cependant elle aurait de quoi être fière... une grande famille, une grande fortune, un des beaux partis de France, et cela ne l'empêche pas de voir et de chérir ses anciennes amies... Aussi je l'estime, je l'aime... mais sa belle-mère, la superbe Césarine, je la déteste... et elle me le rend bien!

M. DE MONTLUCAR.

Raison de plus!... Un sage a dit que nous avions dans le monde trois classes d'amis : les amis qui nous aiment, les amis qui ne nous aiment pas, et les amis qui nous détestent. Ce sont ces derniers qu'il faut soigner le plus. Aussi, ma femme, je vous prie d'inviter madame de Miremont et de l'aimer si c'est possible.

ZOÉ.

Non, monsieur!

M. DE MONTLUCAR.

Faites cela pour moi... je vous en supplie en grâce!

ZOÉ.

Eh bien! monsieur, car je suis trop bonne... je consens à la traiter comme une amie... de la troisième classe... mais je fais mes conditions.

M. DE MONTLUCAR.

Toutes celles que vous voudrez.

ZOÉ.

D'abord, quand il y aura une lecture de quelque génie de votre connaissance... je ne serai pas obligée d'applaudir ni de m'extasier comme vous...

M. DE MONTLUCAR.

Accordé.

ZOÉ.

Je pourrai même, si je le veux, ne pas y assister... et pendant ce temps aller au bal ou en soirée... car depuis une année entière que j'entends tous les jours des chefs-d'œuvre, je ne serais pas fâchée de m'amuser un peu.

M. DE MONTLUCAR.

Accordé.

ZOÉ.

Et pour commencer, il y a ce matin un concert charmant au Conservatoire; vous m'y mènerez.

M. DE MONTLUCAR.

Volontiers... Ah! mon Dieu, non... je ne peux pas... J'ai ce matin un déjeuner de garçons.

ZOÉ.

Vous le refuserez.

M. DE MONTLUCAR.

Impossible!... c'est avec nos amis... Ils y seront tous... Un déjeuner qui m'ennuie, qui m'excède... mais auquel je n'oserais manquer... car c'est d'une importance!...

ZOÉ.

En quoi donc?... de quoi s'agit-il?

M. DE MONTLUCAR.

De choses que vous ne pouvez connaître.

ZOÉ.

Toujours la même réponse! Depuis quelque temps je ne sais ni ce que vous devenez ni ce que vous faites; il y a un mystère qui environne toutes vos actions. Vous avez des conférences, des conciliabules secrets, soit chez vous, soit chez vos amis!... C'était bien la peine de faire une loi contre les associations!... Est-ce que vous conspirez, par hasard?

M. DE MONTLUCAR.

Moi, madame!

ZOÉ.

Je suis tentée de le croire!... si ce n'est pas contre l'État, c'est donc contre moi!... Prenez garde, je vous surveillerai, j'examinerai tout... et ce papier que je vous ai vu écrire hier... et que vous avez caché à mon arrivée... (Traversant le théâtre et regardant sur la table, à droite.) Le voilà!... je le reconnais... c'est de votre main... Il y a quelque trahison.

M. DE MONTLUCAR.

Mais non, madame.

ZOÉ.

Je veux le voir.

M. DE MONTLUCAR.

C'est inutile... un fragment littéraire...

ZOÉ*.

N'importe!... en fait de conspirations... tout est bon! (Lisant.) « Qu'est-ce que le génie?... »

M. DE MONTLUCAR, voulant toujours reprendre le papier.

Vous voyez... ce n'est pas à votre portée.

ZOÉ.

Raison de plus!... (Lisant.) « Qu'est-ce que le génie?... » Je ne suis pas fâchée de faire enfin sa connaissance. (Lisant.) « N'est-ce pas l'étin- « celle électrique qu'on ne peut saisir, bien qu'elle « parcoure l'immensité! C'est la réflexion que « tout le monde fera en lisant le dernier ou- « vrage... »

M. DE MONTLUCAR, voulant lui arracher le papier.

Assez, vous dis-je!...

_____
* Elle repasse à gauche du spectateur.

ZOÉ.

Et pourquoi donc, monsieur, me priver du
plaisir de lire un morceau de votre composi-
tion... et de votre écriture?...

M. DE MONTLUCAR, avec embarras.

Pourquoi?... pourquoi?... c'est qu'on vient!

ZOÉ, se retournant et poussant un cri.

Ah!... c'est ma bonne amie Agathe!

(Elle jette le papier qu'elle tenait et dont son mari s'em-
pare, et court au-devant d'Agathe qu'elle embrasse.)

SCÈNE II.

M. DE MONTLUCAR, ZOÉ, AGATHE.

ZOÉ.

Te voilà!... Que tu es gentille de venir me
voir, et de si bon matin encore!

AGATHE, qui a salué M. de Montlucar.

C'est aujourd'hui le seul jour où je sois libre.

ZOÉ.

C'est juste... c'est dimanche! Tu vas à la
messe, et ta belle-mère n'y va pas!

AGATHE, ôtant son châle et son chapeau que Zoé
place sur différents meubles *.

Elle avait ce matin une audition... un nouveau compositeur qu'elle protége et qui lui fait
entendre son opéra.

M. DE MONTLUCAR.

Ah! le jeune Timballini!... l'honneur de
l'Ausonie, ame de feu, ame brûlante! le génie
de la musique!

ZOÉ.

Encore un de vos amis!

M. DE MONTLUCAR.

Certainement! un des nôtres! un homme
qui fera du bruit dans le monde!

ZOÉ.

Il commence déjà!

M. DE MONTLUCAR.

Et votre charmante belle-mère, ou plutôt
votre sœur, comment se porte-t-elle?

AGATHE.

A merveille.

M. DE MONTLUCAR.

Et M. de Miremont, votre père, que nous
respectons, que nous admirons tous! Impas-
sible, au Luxembourg, sur sa chaise curule,
il a vu se briser contre son immobilité le flot
de toutes les révolutions... et quoi qu'il arrive,
ce n'est pas lui qui abandonnera jamais son
poste!

AGATHE.

Vous êtes bien bon!... du reste, lui et ma
belle-mère professent pour vous la même estime. Hier, dans le salon, il n'était question
que de votre dernier ouvrage.

M. DE MONTLUCAR.

« Mes Anomalies politiques et littéraires? »

* Zoé revient ensuite se placer à la gauche d'Agathe. Les
acteurs sont placés dans l'ordre suivant : M. de Montlucar,
Agathe, Zoé.

AGATHE.

Je crois que oui... je ne l'ai pas lu... c'est
trop savant pour moi... mais M. Bernardet, le
docteur en médecine; mais M. Timballini, le
musicien; huit et dix autres messieurs qui
étaient là, qui doivent tous s'y connaître, s'é-
criaient. « Quelle profondeur! quelle immensité!
quel génie! »

M. DE MONTLUCAR.

Ces chers amis!

AGATHE.

Il y avait même M. Dutillet....

M. DE MONTLUCAR.

Mon éditeur!

AGATHE.

Qui criait plus fort que les autres : « Auprès
de lui Montesquieu n'est qu'un garçon de
bureau! »

M. DE MONTLUCAR.

Il faut pardonner quelque chose à la chaleur d'une amitié... qui peut se tromper... mais
qui, du moins se trompe de bonne foi... Et
M. votre père, que disait-il?

AGATHE, naïvement.

Il ne disait rien.

M. DE MONTLUCAR.

C'est son usage!... un homme grave qui ne
se prononce pas légèrement!

AGATHE.

Et puis peut-être est-il comme moi et n'a-
t-il pas lu l'ouvrage! cependant il l'a sur sa
table... il l'a acheté.

M. DE MONTLUCAR, gravement.

On l'achète beaucoup.

ZOÉ, à Agathe, vivement.

Non, vraiment, c'est mon mari qui le lui a
envoyé.

M. DE MONTLUCAR.

C'est vrai!... j'ai eu cet honneur.... Et votre
belle-mère, que disait-elle?

AGATHE.

Oh! c'est différent... elle parlait beaucoup...
elle écriait : « Voilà un homme qu'il faut nommer à l'académie des sciences morales et politiques... c'est sa place. »

M. DE MONTLUCAR, vivement.

En vérité!... quelle femme!... quel goût!...
quel tact!... (A Agathe.) Et puis... achevez.

UN DOMESTIQUE, entrant par la porte à gauche.

On demande à parler à monsieur, à l'instant!

M. DE MONTLUCAR, avec impatience.

Eh bien! qu'on attende!... je ne suis pas un
homme en place... je ne me dois pas au pu-
blic... je ne me dois à personne... je suis libre, indépendant.

LE DOMESTIQUE.

C'est monsieur le docteur Bernardet.

M. DE MONTLUCAR, à part.

Ah! un des nôtres! un ami... j'y vais... qu'il

ne s'impatiente pas! Pardon, mademoiselle;
je vous laisse avec ma femme!

(Il sort en faisant signe à sa femme, qui veut le retenir,
de rester près d'Agathe.)

SCÈNE III.

ZOÉ, AGATHE.

ZOÉ.

Eh bien! ma chère Agathe, voilà comme il
est toujours... autrefois, quand il n'avait pas de
mérite, il était fort aimable... mais depuis qu'il
a eu l'idée de se faire homme de talent... il est
ennuyeux à périr... (Prenant une chaise et s'asseyant près d'Agathe.) Encore s'il avait pris un
autre genre... il y en a tant !... mais il s'est lancé
dans l'obscur et le profond... c'est à s'y perdre... et quand je veux le comprendre, je suis
sûre d'avoir une migraine... mais une vraie...

AGATHE.

Hélas! ma pauvre Zoé... c'est comme chez
nous !... tu sais comme autrefois l'on s'y amu-
sait... quels jolis bals!... comme nous dansions
dans le salon de mon père!... maintenant on
ne peut plus s'y retourner; il est encombré de
grands hommes... Je ne conçois pas que la
France en produise autant et que l'admiration
publique puisse y suffire!

ZOÉ, riant.

En vérité!

AGATHE.

Sans compter ceux que je ne vois pas! car
dès qu'il est question de quelqu'un de leur
connaissance, c'est toujours : « Notre grand
poète, notre grand acteur, notre grande tragé-
dienne. » Je ne sais pas comment cela se fait,
ils sont tous grands! et moi je regrette notre
jeunesse et le séjour de la pension, où tout le
monde était petit.

ZOÉ.

Ce qui revenait absolument au même.

AGATHE.

C'était là le bon temps!

ZOÉ.

Quand nous jouions au cerceau ou à la
corde!

AGATHE.

Comme nous nous aimions! comme nous
étions heureuses! Et notre chère Adèle, pauvre
fille que nous avons perdue si jeune! mais
alors toutes les trois nous étions inséparables:
ce qui appartenait à l'une appartenait aux autres.

ZOÉ, souriant.

Aussi, M. Edmond de Varennes, son frère...

AGATHE.

Était, presque le nôtre.

*Agathe s'assied à droite du spectateur, près de la
table.*

ZOÉ.

Tous les jours à la pension il venait voir sa
sœur.

AGATHE.

Et nous aussi, puisque, nous ne nous quit-
tions pas!

ZOÉ.

Maintenant c'est bien différent... ce pauvre
Edmond est avocat... il passe sa vie au Palais.
Je le vois bien peu.

AGATHE.

Et moi jamais... il déplaît à Césarine, ma
belle-mère, et mon père ne fait bon accueil
qu'aux personnes qui plaisent à sa femme.

ZOÉ.

C'est inconcevable qu'on se laisse mener à
ce point-là.

AGATHE.

Il ne croit pas du tout être mené... Il a au
contraire une volonté.., une volonté très pro-
noncée,... (souriant.) mais celle de sa femme...

ZOÉ.

Comment un pareil mariage a-t-il pu se
faire? voilà ce que je n'ai jamais compris.

AGATHE.

Eh! mon Dieu! par ma faute!... C'est moi
qui en suis la cause !.., A notre pension, où
sans fortune, et un peu plus âgée que nous,
Césarine avait été reçue comme sous-maîtresse, elle me protégeait, elle me favorisait.

ZOÉ.

Je crois bien, tu étais la plus riche, ce qui
faisait crier à l'injustice. Je me rappelle encore
un prix de sagesse que tu as obtenu, et que je
méritais...

AGATHE, souriant.

Crois-tu ?... Moi j'étais sensible à son affection, à son amitié, à ses soins.... j'en parlais à
mon père; et quand il venait au parloir, j'étais
toujours accompagnée de Césarine, qui était
pour lui toute aimable, toute gracieuse, et pleine
de petites attentions dont elle seule possède le
secret. Aussi aux vacances, quand je lui pro-
posai de l'emmener au château de mon père...
elle se hâta d'accepter, et M. de Miremont en
fut enchanté... Elle faisait sa partie de piquet
ou d'échecs, et, plus forte que lui, elle se laissait toujours gagner, en affectant un dépit et
une colère qui enchantaient le vainqueur ;...
elle lui lisait les journaux ; elle lui servait de
secrétaire ; elle écoutait le récit de toutes les
places qu'il avait eues sous le Directoire et le
Consulat, avec une admiration qui souvent allait jusqu'aux larmes ; enfin, c'était un système
d'amabilité et de coquetterie que je ne son-
geais pas à m'expliquer, mais qui lui réussit
tellement bien, qu'au bout de trois mois, quand
il fallut retourner à la pension, mademoiselle
Césarine Rigaut, dont les parents sont mar-
chands de bois à Villeneuve-sur-Yonne épou-
sait à Saint-Thomas-d'Aquin M. de Miremont,
pair de France ; et je m'aperçus seulement alors

qu'auprès de notre ancienne sous-maîtresse je ne serais jamais qu'une écolière.

ZOÉ, se levant.

Cette Césarine est donc bien adroite !...

AGATHE, se levant aussi et passant à la gauche du théâtre.

Elle ?... Elle a l'instinct et le génie de l'intrigue ; c'est inné chez elle ; c'est une vocation décidée, et maintenant elle intrigue encore pour les siens, pour les siens, qu'elle voudrait faire sortir de l'obscurité. Elle a rendu son mari acquéreur-actionnaire d'un de nos premiers journaux; crédit immense, influence irrésistible qu'il ne soupçonne même pas, et dont elle seule profite. Aussi il fait bon être protégé par elle : on arrive à tout !

ZOÉ.

Je comprends alors le dévouement de mon mari et l'invitation de ce matin.

AGATHE.

Mais malheur à ses ennemis !.... elle les écrase, les réduit à rien, ou les empêche de parvenir... Tu sais ce procès que j'avais pour les biens de ma mère ;... je voulais prendre pour avocat Edmond de Varennes, notre ami d'enfance ; ma belle-mère ne voulait pas !...

ZOÉ.

Et pourquoi donc ?...

AGATHE.

Elle ne peut pas souffrir ce pauvre Edmond ; elle le déteste, elle l'a pris en haine et ne perd pas une occasion de lui nuire.

ZOÉ.

Cela m'étonne ; car à la pension, notre sous-maîtresse, mademoiselle Césarine Rigaut, trouvait M. Edmond fort aimable... on disait même dans les dortoirs qu'elle avait un faible pour lui..

AGATHE, vivement.

Quelle idée !... Ce n'est pas vrai.

ZOÉ.

On se trompe à la pension comme ailleurs.

AGATHE.

En voilà bien la preuve, car elle avait persuadé à mon père que dans mon intérêt même on ne pouvait confier à un jeune homme une affaire aussi importante; et sais-tu qui elle voulait en charger ?

ZOÉ.

Non, vraiment.

AGATHE.

M. Oscar Rigaut... un imbécile !...

ZOÉ.

Ce n'est pas l'avis de mon mari, qui le voit beaucoup.

AGATHE.

Oui ; mais moi je l'entends tous les jours... et Césarine le protège.

ZOÉ.

Pourquoi cela ?

AGATHE.

D'abord parceque c'est son cousin, et puis...

Agathe, Zoé.

(mystérieusement.) il fait partie d'une secte qui lui est dévouée, qui lui obéit, qui suit en tout son impulsion ou ses ordres ; car Césarine, grace au journal dont son mari est propriétaire, est devenue une puissance autour de laquelle se groupent toutes les coteries parlementaires, littéraires et autres; elle est l'ame et presque la présidente d'une société Jeune-France, que depuis quelque temps je vois chez elle : jeunes hommes de tous les rangs et de tous les états, portant la tête et la voix hautes... apprentis grands hommes, gloire surnuméraire, illustrations à venir, qui ne feraient rien séparément, mais qui s'unissent pour être quelque chose, et s'entassent pour s'élever.

UN DOMESTIQUE.

Monsieur Edmond de Varennes.

AGATHE.

Il vient sans doute t'annoncer le gain de mon procès.

ZOÉ.

Il l'a donc gagné ?

AGATHE.

Eh ! oui vraiment ! gagné hier, et complétement.

SCÈNE IV.

ZOÉ, EDMOND, AGATHE.

ZOÉ.

Arrivez donc, monsieur le vainqueur ! arrivez ! vous allez trouver ici des camarades de pension qui s'occupaient de vous.

EDMOND, troublé.

Ah ! que vous êtes bonne !... je ne m'attendais pas au plaisir de rencontrer mademoiselle de Miremont... et sachant l'intérêt que vous daignez me porter, je venais vous apprendre un succès que vous connaissez déjà.

ZOÉ.

C'est égal ! c'est bien à vous, et je vous remercie de venir recevoir mes compliments.

AGATHE.

Et moi, monsieur, je suis bien heureuse de vous exprimer ma reconnaissance ; car, hier, quand vous êtes accouru à l'hôtel en présence de mon père et de ma belle-mère m'annoncer cette bonne nouvelle, j'ai dû vous paraître bien indifférente ou bien ingrate ?

EDMOND.

Non, mademoiselle.

AGATHE.

A peine si je vous ai parlé.

EDMOND.

C'est vrai... mais en me voyant vous m'avez tendu la main comme autrefois à la pension.

ZOÉ.

Oui, je m'en souviens; cela voulait dire : « Bonjour, Edmond, bonjour notre frère ! » et nous vous le disons encore.

(Les deux femmes lui tendent chacune la main qu'il serre dans les siennes.)

EDMOND.

Ah! quels souvenirs vous me rappelez! Hier, au moment où je gagnais votre procès...

AGATHE.

Dites le nôtre!

EDMOND.

C'est à ma pauvre sœur.... c'est à elle que je pensai tout d'abord!... (aux deux femmes.) c'é- tait encore penser à vous, puisque dans mon souvenir vous êtes inséparables; et je me disais : «Que n'est-elle témoin de mon bonheur et de ma joie, elle qui tant de fois avait partagé mes chagrins!» Mais, non, je suis seul au monde, j'ai tout perdu; je n'ai plus de sœur.

AGATHE.

Ah! que c'est mal à vous! il vous en reste en- core, vous le savez bien. Croyez-vous donc que nous oublions ainsi nos serments et nos amitiés d'enfance?

ZOÉ.

Tout-à-l'heure encore nous nous occupions de vous et de votre avenir.

EDMOND.

Mon avenir! il est bien triste! Orphelin et presque sans fortune...

ZOÉ.

On n'en a pas besoin quand on a du talent.

EDMOND.

Eh! qui vous dit que j'en ai?

AGATHE.

Nous! qui vous connaissons, nous qui avons confiance en vous! Je vous l'ai prouvé; d'au- tres feront comme moi.

ZOÉ.

Patience et courage, et vous parviendrez.

AGATHE.

Vous verrez peu à peu s'augmenter votre clientelle, votre réputation, votre fortune.

ZOÉ.

Et vos amis! Tout le monde alors voudra l'être.

AGATHE.

Mais vous vous rappellerez que nous l'étions avant eux.

EDMOND.

Ah! tout me paraît possible quand je vous entends; il y a dans l'amitié des femmes, dans la vôtre, un charme si enivrant et si persuasif qu'il ferait tout croire (regardant Agathe.) et tout oublier; mais quand vous n'êtes plus là, quand je regarde autour de moi, je ne vois plus qu'ob- stacles et entraves que je ne puis vaincre et qui semblent se multiplier sous mes pas. En vain, fuyant les plaisirs de mon âge et consacrant tous mes instants à l'étude, je passe mes jours et mes nuits dans des travaux assidus; rien ne me vient en aide, rien ne peut me faire sortir de mon obscurité, pas même les succès que j'obtiens, qui passent inaperçus et me laissent plus inconnu qu'auparavant! Il semble qu'il y ait comme une barrière invisible et conti-

nuelle qui me ferme tous les passages. On di- rait d'un mauvais génie qui sans cesse éloigne ou détourne le but et me dit : « Tu mourras sans l'atteindre! »

ZOÉ.

Quelle idée!

AGATHE.

Hier, déjà, vous voyez bien que vous avez eu un beau triomphe. Des personnes qui étaient à l'audience m'ont dit qu'on avait été ému et entraîné; que plusieurs fois même on avait applaudi.

ZOÉ.

Le premier pas est fait.

AGATHE.

Il faut continuer.

EDMOND.

Je ne peux pas forcer les clients à venir à moi.

AGATHE.

Si vraiment! en appelant sur vous l'atten- tion publique, en mettant de côté cette vaine timidité et cette modestie de dupe qui vous ar- rêtent.

ZOÉ.

Elle a raison.

EDMOND.

Et moi, mes jeunes amies, je ne vous com- prends pas.

AGATHE.

En ce moment, par exemple, il y a un dé- puté à nommer à Saint-Denis.

EDMOND, étonné.

Que dites-vous!

ZOÉ.

C'est vrai, mon mari me l'a appris ce matin.

AGATHE.

Le peu de propriétés que vous possédez est situé dans ce pays-là, il faut vous mettre sur les rangs.

EDMOND.

Moi! grand Dieu! y pensez-vous? jamais.

AGATHE.

Et pourquoi pas?

EDMOND.

Une pareille ambition demande de si grands talents!

ZOÉ.

Vous n'avez donc jamais été à la Chambre?

EDMOND.

Si vraiment; mais auprès des électeurs quels seraient mes titres?

AGATHE.

Avocat!

ZOÉ.

Ils arrivent tous!... vous ferez comme eux.

AGATHE.

Le succès d'hier doit vous mettre en évi- dence...

ZOÉ.

Faire parler de vous avec éloge... Il faut

profiter de l'occasion... (Apercevant un domestique qui sort de chez M. de Montlucar et apporte des journaux.) Voici justement les journaux d'aujourd'hui... nous allons jouir de votre triomphe; lisez-nous, lisez vite l'audience d'hier... (Voyant Edmond qui tremble en déployant le journal.) Vous tremblez d'émotion?

EDMOND.

C'est vrai.

ZOÉ.

Est-il enfant!

AGATHE, à Edmond qui parcourt le journal.

Eh bien! monsieur, eh bien!... cela vous donne-t-il courage?... êtes-vous content?

EDMOND, tombant dans un fauteuil*.

Ah! c'est indigne!

TOUTES DEUX.

Qu'avez-vous donc?

EDMOND.

C'est fait de moi; ce dernier coup m'accable; mon plaidoyer tronqué, défiguré... le contraire de ce que j'ai dit; et dans les endroits qui ont produit le plus d'effet... ceux où ont éclaté des applaudissements... on a mis entre deux parenthèses... « Murmures dans l'auditoire. » (Donnant le journal à Zoé.) Tenez... tenez... voyez plutôt!

ZOÉ, regardant.

C'est vrai: (Lisant à demi-voix à Agathe.) « La « cause s'est défendue par elle-même; point de « logique, point de verve, point de mouvements « oratoires; et chacun se demandait en sortant, « comment l'on n'avait pas confié cette affaire « au jeune Oscar Rigaut, dont l'éloquence cha- « leureuse convenait bien mieux au sujet. »

AGATHE, prenant le journal.

Oscar!

EDMOND.

Quand je vous le disais: j'ai beau redoubler d'efforts, tout conspire contre moi... Impossible d'arriver jamais... c'est fini; j'y renonce.

ZOÉ.

Et pourquoi donc vous décourager? N'y a-t-il pas d'autres voix qui s'élèveront pour rendre témoignage à la vérité! Ceux qui étaient là à l'audience savent que vous avez bien plaidé.

EDMOND.

Combien étaient-ils?... deux ou trois cents personnes peut-être, et cette feuille-là s'adresse à quinze ou seize mille abonnés; et demain dans les salons de lecture, dans tous les lieux publics, deux cent mille lecteurs seront persuadés et répéteront que je suis un avocat sans instruction, sans talent, incapable de défendre les intérêts qui me sont confiés!

ZOÉ.

Y pensez-vous?

EDMOND, reprenant le journal qu'il parcourt.

C'est écrit... c'est imprimé! Et votre mari est

---

* Les acteurs sont dans l'ordre suivant: Zoé, Agathe, Edmond.

---

mieux traité... Je vois là un pompeux éloge de son dernier ouvrage!... (Lisant.) « Qu'est-ce « que le génie? N'est-ce pas l'étincelle électri- « que qu'on ne peut saisir, bien qu'elle par- « coure l'immensité... »

ZOÉ, étonnée.

Ah! mon Dieu!

EDMOND.

« C'est la réflexion que tout le monde fera « en lisant le dernier ouvrage de M. le comte « de Montlucar. »

ZOÉ, à part, regardant du côté de la table, où était le brouillon écrit de la main de son mari.

Ah! je comprends maintenant.

EDMOND.

Un pareil éloge!... Il est bien heureux!... cela ne m'arriverait pas, à moi...

ZOÉ.

Peut-être!... si vous le vouliez!...

AGATHE.

Oui, sans doute; car une fois député, il faudra bien qu'on vous entende et qu'on vous rende justice!

ZOÉ.

A la tribune, on parle de haut.

EDMOND.

Non, non... je vous remercie toutes les deux de votre amitié, de vos consolations, de vos conseils... mais mon parti est pris... Je ne me sens ni la force ni le courage de parcourir une pareille carrière; encore des intrigues, des cabales à combattre à déjouer... Jamais je ne m'abaisserai jusque là!

AGATHE.

Et vous resterez toujours tel que vous êtes!

ZOÉ.

Et vous mourrez ignoré!...

EDMOND, avec désespoir.

Oui, oui... je mourrai bientôt, je l'espère; plût au ciel que cela fût déjà arrivé!

AGATHE, faisant un mouvement vers lui*.

Edmond!...

UN DOMESTIQUE entre et dit:

La voiture de mademoiselle.

AGATHE, faisant signe d'attendre.

C'est bien!... (Elle va prendre son châle pendant que Zoé va prendre son chapeau, qui est plus loin, sur un autre meuble. —S'approchant d'Edmond, à demi-voix et d'un ton suppliant.) Vous ne voulez donc pas nous écouter et être député...?

EDMOND.

A quoi bon?

AGATHE.

A beaucoup de choses! (Tout en arrangeant son châle et sans regarder Edmond.) Mon père disait hier qu'il ne serait pas du tout éloigné de donner sa fille à un député!...

EDMOND.

O ciel!

---

* Les acteurs sont dans l'ordre suivant: Zoé, Agathe, Edmond.

AGATHE, se retournant vers Zoé et prenant le chapeau
qu'elle lui apporte.

Merci, merci de ta peine... Adieu, ma chère
Zoé, adieu!

(Elle sort vivement, et Zoé la reconduit jusqu'à la porte
du fond, pendant qu'Edmond est resté sur le devant du
théâtre, immobile de surprise.)

SCÈNE V.

EDMOND, ZOÉ.

EDMOND, à part.

Député!... Si je suis député, je puis aspirer
à sa main!... et ce que jamais je n'ai osé lui
dire... elle l'a donc deviné... elle a donc lu dans
mon cœur!

ZOÉ.

Mon pauvre Edmond! que je vous plains!

EDMOND.

Ah! je suis le plus heureux des hommes!

ZOÉ.

Qu'est-ce que vous me dites donc là?... Vous
qui tout-à-l'heure...

EDMOND.

Oui, tout-à-l'heure j'étais un extravagant...
un insensé!... qui n'écoutais rien... qui repous-
sais vos conseils... mais je reviens à ceux de la
raison, aux vôtres... et je veux maintenant...

ZOÉ.

Que voulez-vous?...

EDMOND.

Je veux être député!

ZOÉ.

Est-il possible?

EDMOND.

Je le serai! c'est mon seul but, mon seul espoir!...

ZOÉ.

Vous qui refusiez...

EDMOND.

J'ai changé d'idée... Il faut que je sois député: je ne sais pas comment, mais c'est égal..
n'importe à quel prix, j'y arriverai... je par-
viendrai... Voyez-vous, Zoé, je mourrai ou je
serai député..!

ZOÉ, souriant malignement.

Et bon député, à ce que je vois, car vous
changez promptement d'avis.

EDMOND.

Ah! c'est que vous ne savez pas... vous ne
pouvez pas savoir...

ZOÉ.

Je sais du moins que vous devenez raisonnable... c'est tout ce que nous demandions...
c'est le chemin des honneurs!

EDMOND.

Ça m'est égal!

ZOÉ.

La route de la fortune!

EDMOND.

Peu m'importe! que je sois député seulement, et après cela, si je ne meurs pas de
joie... nous verrons... je ferai ce que vous me
direz... Mais avant tout que je sois nommé, et
pour cela à quels moyens avoir recours?... à
qui s'adresser?... moi qui ne connais personne!

ZOÉ.

Allez trouver M. de Miremont.

EDMOND.

Oui, il a dû à mon père et la vie... et sa place... Mon père est mort sans fortune... et lui,
devenu grand seigneur...

ZOÉ.

Vous a toujours voulu du bien...

EDMOND.

Autrefois, c'est vrai!... mais depuis son mariage... c'est différent... je ne vais presque plus
chez lui... il y a là quelqu'un qui me déteste,
quelqu'un à qui je n'ai point caché mon mé-
pris...

ZOÉ.

O ciel! qu'avez vous fait!

EDMOND.

J'ai bien fait! y a-t-il rien au monde de plus
méprisable qu'une jeune femme qui par intérêt ou par ambition cherche à séduire un
vieillard et se fait épouser par lui...!

ZOÉ.

Taisez-vous! taisez-vous!...

Et ne nous brouillez pas avec la république!

EDMOND.

C'est déjà fait! et de ce côté-là il n'y a rien
à attendre, rien à espérer.

ZOÉ.

Adressez-vous alors à mon mari... qui a de
l'influence à Saint-Denis... il a une manufacture... des électeurs qui sont à lui, des voix dont
il peut disposer... commencez par demander la
sienne...

EDMOND.

Moi! solliciter sa voix... mendier son suffrage...

ZOÉ.

Eh! mais sans doute! il n'ira pas vous l'offrir... tout le monde en agit ainsi.

EDMOND.

C'est possible... mais il me semble que je ne
pourrai jamais... et puis, quoique votre mari
soit mon client, quoique j'aie gagné pour lui un
procès important... je me trompe peut-être,
mais j'ai idée qu'il a peu d'affection pour moi.

ZOÉ, souriant.

Vous avez là une idée assez juste... ce qui
vous arrive rarement; et savez-vous, Edmond,
qu'il est assez singulier que vous vous en soyez
aperçu comme moi... J'ignore pourquoi... mais
il est très vrai que mon mari ne vous aime
pas.

EDMOND, d'un air sombre.

Personne ne m'aime.

ZOÉ, d'un air caressant.

Ah! vous êtes un ingrat... et puisque vous n'osez parler à mon mari... voulez-vous que je m'en charge?

EDMOND.

Vous!

ZOÉ.

Ça le contrariera, ça le mettra en colère... c'est une querelle qui me revient... peut-être deux.... je les risque!... il faut bien faire quelque chose pour ses amis, et je vous réponds qu'il finira par céder!

EDMOND.

Non... non... protégé par vous... que ne dirait-on pas? on dirait que je suis parvenu par l'intrigue, que je suis arrivé par les femmes... cela ne se doit pas... et j'en rougirais!

ZOÉ.

Eh! mais, mon cher ami, d'où sortez-vous donc?... d'un pensionnat de demoiselles?... et encore dans le nôtre!!! on était plus avancé que cela... Mais puisque vous le voulez absolument... tenez... tenez... le voici! parlez vous-même.

EDMOND.

Si vous saviez combien ça me coûte...

ZOÉ.

Il n'est pas si redoutable... allons! du cœur!

EDMOND.

Oui, oui... vous avez raison... (A part.) Pensons à Agathe, et du courage!

(Zoé sort par la porte à droite en encourageant Edmond par ses gestes.)

SCÈNE VI.

M. DE MONTLUCAR, qui sort de la porte à gauche et s'avance en rêvant; EDMOND, qui reste au fond du théâtre.

M. DE MONTLUCAR, à part.

Certainement on peut être député et conserver sa couleur... on est de l'opposition... cela n'en vaut que mieux...on obtient bien plus!.. mais dans ma position je ne peux pas me proposer; il faut qu'on me fasse violence, c'est indispensable... et Bernardet n'a pas assez l'air d'en comprendre la nécessité.

EDMOND.

Abordons-le.

M. DE MONTLUCAR, sèchement en apercevant Edmond.

Ah! c'est vous, monsieur Edmond; vous venez, je pense, pour voir madame de Montlucar...

EDMOND.

Non, monsieur, c'est pour vous.

M. DE MONTLUCAR, de même.

Et qui me procure de si bon matin l'honneur de votre visite?

EDMOND.

Une importante affaire... Il y a à Saint-Denis un député à nommer...

M. DE MONTLUCAR, froidement.

C'est ce qu'on dit... car je me mêle peu de politique...

EDMOND.

Je paie dans ce pays quelques impositions

M. DE MONTLUCAR, d'un air aimable.

J'entends, vous êtes électeur... et venez me trouver...

EDMOND.

C'est tout naturel... votre influence, votre grand nom... vos grands biens...

M. DE MONTLUCAR, toujours d'un air aimable.

Vous êtes trop bon... vous m'êtes envoyé, je le vois, par ces messieurs vos collègues...

EDMOND.

Qui donc?

M. DE MONTLUCAR.

Quelques électeurs de l'arrondissement...

EDMOND.

Non, monsieur, je viens de moi-même...

M. DE MONTLUCAR, d'un air affectueux et lui prenant la main.

Je vous en remercie encore plus, et je ne puis vous dire, mon cher Edmond, à quel point je suis sensible à votre démarche... quoiqu'elle me gêne et me contrarie beaucoup; non pas que plusieurs de mes amis ne m'aient déjà presque violenté à ce sujet... mais vous comprenez vous-même ma position... je ne suis plus un homme politique, je suis un homme de lettres... comme tel je me suis fait une indépendance, des opinions, et je dirai même quelque gloire... que je ne voudrais pas compromettre à la tribune...

EDMOND, avec étonnement.

Comment cela?

M. DE MONTLUCAR, vivement.

Cela vous étonne, mais c'est ainsi; et loin de vous savoir gré de l'honneur que vous me faites, je serais tenté de vous en vouloir... car il m'est pénible de vous refuser... Et d'un autre côté, moi qui étais tranquille chez moi, qui ne m'attendais à rien... qui me croyais à l'abri de toutes les tentatives de ce genre... vous venez me mettre dans la position la plus délicate et la plus cruelle... (D'une voix faible et comme prêt à céder.) Car, en vérité... je ne peux pas être député...

EDMOND, vivement.

Rassurez-vous et ne m'en veuillez pas... ce n'est pas là ce que je venais vous proposer...

M. DE MONTLUCAR.

Hein!... que dites-vous?

EDMOND.

Je comprends très bien vos motifs... et c'est pour un autre que je venais vous parler...

M. DE MONTLUCAR, cherchant à se remettre et affectant un air de joie.

A la bonne heure... je respire... vous me rendez ma tranquillité... Et cet autre quel est-il?

EDMOND.

C'est moi.

M. DE MONTLUCAR, avec surprise.

Vous!... (Avec un air de supériorité.) Certainement, mon cher, je vous accorderais mon suffrage avec grand plaisir, car c'est là, je pense, ce que vous venez me demander... mais on connaît mon opinion et la vôtre... nos principes ne sont pas les mêmes...

EDMOND.

Ils vous auraient permis cependant de recevoir ma voix...

M. DE MONTLUCAR.

Mais non de vous donner la mienne... Cela me ferait du tort dans mon parti et auprès de mes amis politiques... j'aurais l'air de changer de nuance, ce que je ne ferai jamais. Hier encore, vous avez plaidé pour mademoiselle de Miremont qui tient à la nouvelle noblesse, la noblesse de l'Empire, et vous avez gagné un procès contre une des plus anciennes familles de France! une grande dame du faubourg Saint-Germain...

EDMOND.

Si la grande dame avait tort...

M. DE MONTLUCAR.

Ce n'est pas de cela qu'il s'agit aujourd'hui...

EDMOND.

Si j'ai pu dans cette cause montrer quelque talent...

M. DE MONTLUCAR.

Je ne mets pas cela en doute; mais, je vous l'avoue, je viens de lire l'article du journal qui rend compte de votre plaidoyer... et franchement je vous conseille, comme votre ami... de ne pas vous mettre sur les rangs en ce moment... L'opinion ne vous serait pas favorable.

EDMOND, cherchant à modérer sa colère.

Vous croyez!... Mais la vôtre, à vous, monsieur, votre opinion ne se règle pas sur celle du journal... vous en avez une à vous, qui vous appartient...

M. DE MONTLUCAR.

Certainement...

EDMOND.

Vous n'êtes pas obligé d'attendre qu'on vous apporte chaque matin votre conscience de la journée...

M. DE MONTLUCAR.

Monsieur!...

EDMOND.

Eh bien! vous avez eu recours à moi, vous êtes venu me trouver pour une importante affaire qui n'était ni sans périls ni sans difficultés, qui demandait des soins, des travaux..... quelque mérite peut-être... J'ai réussi... réussi sous vos yeux... Et le jour où j'ai gagné votre procès... vous me serriez les mains... vous m'embrassiez! j'avais du talent alors!!... Eh bien! j'en appelle aujourd'hui, non à votre reconnaissance, vous m'avez donné de l'or, vous croyez m'avoir payé; mais j'en appelle à votre conscience, à votre honneur... ce jour-là

m'auriez-vous donné votre voix?... répondez, répondez!

M. DE MONTLUCAR.

Eh bien!... oui!...

EDMOND.

Et vous me la refusez aujourd'hui, parceque votre journal ne vous le permet pas!... vous, monsieur, qui savez que je l'ai méritée, qui me l'avouez... qui en convenez avec moi!...

M. DE MONTLUCAR, avec embarras.

Certainement... je sais, mon cher ami... que vous n'êtes pas sans mérite, et je le dirai tout haut... je le crierai toujours... entre nous!... mais il y a des situations qu'il faut comprendre; et si vous étiez à ma place, vous seriez aussi embarrassé que moi... Ce journal est de mes amis... il me veut du bien... je n'ai jamais rien fait pour cela... mais, à tort ou à raison, il m'a toujours bien traité... et je n'irai pas me mettre en opposition avec lui, protéger hautement les gens qu'il attaque... pour m'exposer moi-même à être attaqué... moi qui ne suis pour rien là-dedans, moi qui par ma position suis libre et indépendant!

EDMOND.

Indépendant!!... et vous tremblez devant un article de journal!... Indépendant!!!... et vous n'avez pas même le courage d'être de votre opinion!

M. DE MONTLUCAR, fièrement.

Monsieur!!... j'ai du moins une règle de conduite que je vais vous dire et dont je ne m'écarterai pas... c'est de n'être d'aucune intrigue, d'aucune coterie, d'arriver par moi-même et non par les autres, de n'aller solliciter les suffrages de personne, et sur-tout de ne point vouloir contraindre les gens à me donner leur voix quand ils me la refusent.

EDMOND, avec colère.

Monsieur!...

(M. de Montlucar salue Edmond et rentre dans l'appartement à gauche.)

ooooooooooooooooooooooooooooooooooooooooooooooooooooooooo

SCÈNE VII.

EDMOND, seul.

Ah! j'ai mérité ce qui m'arrive, puisque j'ai pu m'adresser à lui, puisque je me suis abaissé jusqu'à mendier sa protection!... Si c'est à ce prix qu'on parvient aux honneurs, plutôt rester toute ma vie obscur et misérable! plutôt renoncer au bonheur et à toutes mes espérances..! Sortons.

ooooooooooooooooooooooooooooooooooooooooooooooooooooooooo

SCÈNE VIII.

EDMOND, OSCAR RIGAUT.

OSCAR, l'arrêtant.

Ce cher Edmond! où court-il donc ainsi?

EDMOND.

Oscar Rigaut... mon ancien camarade!...

OSCAR.

Eh! oui vraiment! collége Charlemagne! où j'étais toujours le dernier; et toi, deux années de suite le prix d'honneur! Ce que c'est que de nous cependant, et comme il ne faut pas juger d'après le collége; (lui serrant la main d'un air affligé.) car j'ai appris, mon pauvre ami, ton échec d'hier, au Palais!

EDMOND.

Comment! qu'en sais-tu? qui te l'a dit?

OSCAR.

Mon journal... qui rend toujours compte le lendemain, et très exactement; après cela, que veux-tu? on tombe un jour, on se relève un autre. Tu prendras ta revanche. Mais que fais-tu? que deviens-tu? je ne t'ai pas rencontré depuis Charlemagne.

EDMOND.

On se perd de vue; et puis tu es reparti pour ta province.

OSCAR.

J'espérais du moins, à mon arrivée à Paris, t'apercevoir chez ma jolie cousine, madame de Miremont, où tu allais, dit-on; mais on ne t'y voit plus.

EDMOND.

Je n'ai pas le temps... je travaille beaucoup.

OSCAR, riant.

Il travaille!... est-il bon enfant!... et qui t'amène chez Montlucar?... encore un savant, celui-là... est-ce pour travailler?...

EDMOND, prêt à sortir.

Non, pour une affaire particulière qui ne peut réussir; et je n'ai plus, je crois, qu'à m'aller jeter à l'eau.

OSCAR, se retournant.

Y penses-tu?.... me voilà.... je suis riche!.... Mon père, qui est toujours marchand de bois à Villeneuve-sur-Yonne, ne me laisse manquer de rien... et si c'est de l'argent qu'il te faut, je t'en prêterai, tu me feras ton billet... Que diable, entre amis!...

EDMOND, lui serrant la main.

Je te remercie; ce n'est pas là ce qui me chagrine!

OSCAR.

Et quoi donc?...

EDMOND.

C'est que je ne peux réussir à rien.

OSCAR.

C'est étonnant; moi je réussis à tout... Je ne comprends point qu'on ne réussisse pas...

EDMOND.

Cela prouve un grand bonheur ou un grand talent.

OSCAR.

Mais non..... c'est tout naturel, cela va tout seul; je ne me donne pas de peine... Je ne sais pas comment cela se fait, tout me vient, tout m'arrive!...

EDMOND.

En vérité?

OSCAR.

Je ne te parle pas du barreau, où déja j'étais lancé, mais que décidément j'abandonne parce que j'ai d'autres occupations qui me conviennent davantage.

EDMOND.

Et lesquelles?

OSCAR.

Tu ne sais donc pas?... J'ai fait un livre de poésies.

EDMOND.

Toi!...

OSCAR.

Comme tout le monde!... Cela m'est venu un matin en déjeunant... *Le Catafalque*, ou *Poésies funèbres d'Oscar Rigaut.*

EDMOND.

Toi?... Un gros garçon réjoui?...

OSCAR.

Oui; je me suis mis dans le funéraire... il n'y avait que cette partie-là : tout le reste était pris par nos amis; des beaux... des gants jaunes de la littérature, génies créateurs ayant tout inventé; et ça aurait fait double emploi si nous avions tous créé le même genre. Aussi je leur ai laissé *le vaporeux*, *le moyen-âge*, *le pittoresque*; j'ai inventé *le funèbre*, *le cadavéreux*, et j'y fais fureur... mon ouvrage est par-tout..... et tiens, tiens... (regardant sur la table.) tu vois ici même six exemplaires...

EDMOND.

Je n'en reviens pas!

OSCAR.

Tu ne lis donc pas les journaux?..... « Le « jeune Oscar Rigaut, que son imagination dé- « lirante vient de placer à la tête de la jeune « phalange... » Tu n'as pas lu cela par-tout?

EDMOND.

Si, vraiment, mais je ne croyais pas qu'il fût question de toi.

OSCAR.

C'était de moi-même!... moi, avec tous mes titres... (Lui montrant le livre.) Membre de deux sociétés littéraires, officier de la garde nationale et maitre des requêtes; j'aurai le mois prochain la croix d'honneur; c'est mon tour, c'est arrangé.

EDMOND.

Avec qui?

OSCAR.

Avec les nôtres... ceux qui comme moi sont à la tête de la jeune phalange; car ils sont aussi à la tête, nous y sommes tous; nous sommes une douzaine d'amis intimes qui nous portons, qui nous soutenons, qui nous admirons; une société par admiration mutuelle..... l'un met sa fortune, l'autre son génie, l'autre ne met rien;

tout ça se compense, et tout le monde arrive l'un portant l'autre.

EDMOND.

C'est inconcevable !

OSCAR.

C'est comme ça. Tu le vois, et si tu le veux, tu n'as qu'un mot à dire.... je te protégerai, je te pousserai..... Un de plus, qu'est-ce que ça fait ?...

EDMOND.

Je te remercie, mon ami, je te remercie bien ; mais malheureusement ce que je desire n'est pas en ton pouvoir.

OSCAR.

Qu'est-ce donc ?

EDMOND, soupirant.

Je voudrais être député !

OSCAR.

Pourquoi pas ?... nous en faisons beaucoup.

EDMOND.

Est-il possible ?

OSCAR.

De véritables députés, des députés qui votent ; je ne dis pas qu'ils parlent, mais qu'im-

porte !... Il y en a tant d'autres qui ne font que ça..... Sois tranquille ; nous te ferons nommer. Présenté par moi à nos amis, ils deviendront les tiens... à charge de revanche. Dès qu'on est admis, on a du talent, de l'esprit, du génie ; il le faut, c'est dans le réglement... Tu les verras à l'œuvre !

EDMOND.

Mais où, et quand ?

OSCAR.

Ce matin même. J'ai chez moi un déjeuner de garçons : voici mon adresse.... Viendras-tu ?

EDMOND, regardant la carte, et hésitant.

Qu'est-ce que je risque ?..... Autant cela que de se jeter à l'eau.

OSCAR.

Eh bien ! viendras-tu ?

EDMOND.

Ma foi, oui, j'irai !

OSCAR, lui donnant la main.

A tantôt !

EDMOND.

A tantôt.

(Edmond sort par le fond, Oscar entre dans l'appartement à gauche.)

ACTE SECOND.

Le théâtre représente un appartement de garçon très élégant ; porte au fond, deux latérales ; sur le premier plan, à droite, une croisée, et une table avec ce qu'il faut pour écrire.

SCÈNE I.

BERNARDET, OSCAR.

OSCAR, à la cantonade.

Le déjeuner à deux heures !

BERNARDET.

Le champagne à la glace, ainsi que le homard, pour qu'il se maintienne bien frais !... Je tiens à ce que celui-là soit bon..... j'en réponds !

OSCAR.

Et vous vous y connaissez, docteur !

BERNARDET.

Je l'ai choisi moi-même chez madame Chevet, avec qui nous autres médecins nous sommes tous liés par goût et par reconnaissance... C'est un établissement si utile que le sien !..... toutes les bonnes maladies sortent de là...

OSCAR.

Et vous avez eu la complaisance, monsieur Bernardet, de commander vous-même le déjeuner...

BERNARDET.

C'est un service que je rends souvent à des amis... Tous les bons morceaux sont chaque matin accaparés par moi... et à tous ceux qui arrivent après on répond : « C'est retenu par

le docteur Bernardet, c'est réservé pour le docteur Bernardet ! » et toujours le docteur Bernardet... c'est comme si je donnais mon nom et ma carte à ces étrangers qui se disent entre eux : « Diable ! c'est donc un illustre ! c'est donc un homme bien riche... Et à Paris, voyez-vous, règle générale, il n'y a que les gens riches qui fassent fortune.

OSCAR.

C'est pour cela que j'ai bon espoir.

BERNARDET.

Je crois bien ! vous avez déjà un joli patrimoine... c'est là un mérite qu'on ne peut pas vous contester.

OSCAR.

Et que je partage volontiers avec mes amis ! les chevaux, les loges au spectacle, les dîners au Rocher de Cancale... c'est toujours moi qui paie, c'est mon bonheur !

BERNARDET.

Chacun son genre !... vous avez pris celui-là, mon gaillard, et ce n'est pas maladroit... ça vous donne une prééminence, une supériorité qui fait qu'on s'habitue peu à peu à vous regarder comme le point central, la clef de voûte et presque le président. Aujourd'hui, par exemple, on a à délibérer sur une importante affaire...

c'est chez vous qu'on vient déjeuner... vous
irez loin!

OSCAR.

Vous croyez!

BERNARDET.

Vous le savez bien, et nous aussi... Avec une
tête comme celle-là... je me connais un peu en
phrénologie... et vous avez la bosse de la sagacité... D'abord vous êtes docile... et sans vous
amuser à raisonner ou à comprendre, vous allez droit au but. C'est ce qu'il faut.

OSCAR, riant.

Que voulez-vous? je crois à la médecine et à
vous, docteur.

BERNARDET.

Quand je vous le disais! la bosse de la sagacité! Qui aurons-nous à notre déjeuner?

OSCAR.

Beaucoup de nos amis nous manqueront,
nos camarades fashionables!

BERNARDET.

Où sont-ils?

OSCAR.

Comme toujours, aux Italiens. Il y a ce
matin répétition générale de l'opéra de Timballini.

BERNARDET.

C'est juste!... un talent exotique qu'il faut
faire mousser! il nous rendra cela à l'étranger!

OSCAR.

Mais nous aurons Dutillet, notre grand
éditeur! Desrouseaux, notre grand peintre!...
Saint-Estève, notre grand romancier!... Montlucar, notre grand... je ne sais jamais comment
dire...

BERNARDET.

Économiste!... notre grand économiste!

OSCAR.

Un écrivain bien profond, à ce que vous
dites tous!... mais c'est drôle... j'entends le latin, et lui je n'ai jamais pu l'entendre!

BERNARDET.

Personne non plus!... et c'est ce qui assure à
jamais sa réputation. Quand quelqu'un de nous
s'écrie intrépidement dans un salon : « Quel
génie dans son livre!... » tout le monde se dit :
« Pauvre homme! il l'a donc lu!... » et par com-
misération on le croit sur parole.... qui diable
irait vérifier!... Qui aurons-nous encore?...

OSCAR.

J'ai aussi invité mon cousin le pair de France,
M. de Miremont, ainsi que sa femme, ma jolie
cousine!

BERNARDET.

Tant mieux! j'ai à lui parler... M. de Miremont a-t-il accepté?...

OSCAR.

Avec grand plaisir.

BERNARDET.

Bon!... il viendra.

OSCAR.

Quoique ça eût l'air de ne pas convenir à sa
femme, qui voulait aller ce matin à une solen-
nité musicale du Conservatoire...

BERNARDET, secouant la tête.

Alors il ne viendra pas.

OSCAR.

Il me l'a promis, et ça si contrarie Césarine,
tant pis! je n'irai pas me gêner avec elle qui
est ma cousine... car c'est ma cousine, après
tout... mon père, marchand de bois à Villeneuve-sur-Yonne, était frère de son père...
avec cette différence que nous étions riches et
qu'elle ne l'était pas... à telles enseignes qu'elle
a été obligée d'entrer comme sous-maîtresse
dans un pensionnat... je m'en souviens bien

BERNARDET, l'interrompant.

Il vaudrait mieux l'oublier.

OSCAR.

Je lui en parlais encore l'autre jour.

BERNARDET, froidement.

Écoutez-moi, mon cher; car vous, qui avez
de la sagacité, vous me comprendrez tout de
suite... lorsque pour vous ou pour vos amis
vous voudrez obtenir quelque chose de M. de
Miremont le pair de France, demandez-le d'a-
bord à sa femme...

OSCAR, avec étonnement.

Ah! bah!... c'est le plus long!

BERNARDET, froidement.

C'est le plus court. M. de Miremont est un
homme de mérite, mais d'un mérite silencieux,
qui dans la carrière des places et de l'ambition
avance peu, mais ne recule jamais... Nommé
en 1804 membre du sénat conservateur, il n'a
jamais pensé depuis ce moment qu'à conserver
ses places, et il y a réussi... il en a huit!...

OSCAR.

Huit places!...

BERNARDET.

Huit!... et se trouve encore au Luxembourg,
pair de France, maintenant comme sous la Res-
tauration. Ennemi des secousses et de tout ce
qui pourrait entraîner un déplacement quel-
conque, il est partisan de ceux qui se maintien-
nent, fanatique de tout ce qui existe, mais sans
se montrer et sans se compromettre... car vivant obscur dans son illustration, il craint de
faire parler de lui et se met au lit deux mois
d'avance quand il doit y avoir quelque crise ou
quelque procès politique... je le sais... c'est moi
qui le traite; et nous n'entrons en convales-
cence qu'après le prononcé du jugement... Du
reste, excellent homme, qui dans son intérieur
se croit de l'autorité et s'est toujours laissé mener par quelqu'un... Dans ce moment, c'est
sa femme... qui, elle, ne se laisse mener par
personne.... Je vous le dis, faites-en votre pro-
fit... Et comme le caractère se peint aussi bien
dans les petites choses que dans les grandes,

je vous préviens d'avance que si ce déjeuner contrarie Césarine, son mari n'y viendra pas.

OSCAR.

Ce n'est pas possible... il m'a donné sa promesse formelle hier soir...

BERNARDET.

C'est égal !

OSCAR, regardant du côté de la croisée.

Tenez... tenez, entendez-vous une voiture qui entre dans la cour... c'est la sienne... il arrive le premier ! Me croirez-vous, maintenant ?

BERNARDET.

Ma foi non !

OSCAR, prêt à sortir.

Je cours le recevoir au pied de l'escalier. (Revenant.) Ah ! mon Dieu... j'oubliais !... un nouvel ami que je voulais vous recommander.

BERNARDET.

Qu'est-ce que c'est ?

OSCAR.

Un avocat !

BERNARDET.

A la bonne heure ! ça peut être utile, ça parle, ça fait du bruit... Est-il bon ?

OSCAR.

Il est très instruit.

BERNARDET, avec impatience.

Est-il bon ?

OSCAR.

Il a beaucoup de talent.

BERNARDET.

Ce n'est pas là ce que je vous demande..... est-il bon camarade ? peut-il pousser les autres, les faire valoir, les élever, leur faire la courte-échelle ?

OSCAR.

Certainement ! il se jetterait au feu pour ses amis.

BERNARDET.

C'est ce qu'il nous faut !... Nous le pousserons !... nous le pousserons... en avant ! d'abord ! !... et quand nous le connaîtrons mieux...

OSCAR.

Il déjeune avec nous.

BERNARDET.

Ça suffit ! en un instant je l'aurai jugé.

OSCAR, se retournant.

Eh ! c'est ma chère cousine !

SCÈNE II.

M. DE MIREMONT, CÉSARINE, OSCAR, BERNARDET.

OSCAR, allant au-devant de M. de Miremont, à qui Césarine donne le bras.

Que c'est aimable à vous, monsieur le comte, de venir ainsi à un déjeuner de garçons !

BERNARDET.

Et de si bonne heure encore ! ça ne m'étonne pas. L'exactitude est la politesse des... supério-rités en tout genre... A ce titre, vous deviez arriver le premier.

M. DE MIREMONT, à Oscar.

Oui, mon cher ami, j'ai voulu venir de bonne heure pour vous prévenir qu'à mon grand regret je ne pouvais pas déjeuner avec vous !

OSCAR.

O ciel !

M. DE MIREMONT.

Et vous faire moi-même mes excuses.

BERNARDET, bas à Oscar.

Que vous disais-je ? ?...

M. DE MIREMONT.

Nous avons ce matin au Luxembourg, à la Chambre des pairs, une séance où je suis indispensable.

OSCAR.

Comment !... vous ne pourriez pas y manquer ?...

M. DE MIREMONT.

C'est précisément ce que tout-à-l'heure me disait ma femme.

OSCAR, naïvement.

En vérité ?...

M. DE MIREMONT, d'un air grave.

Parce que les femmes ne se doutent pas de l'importance des choses ; elles voient une partie de plaisir qui les séduit, et voilà tout... mais nous autres !... c'est différent !

BERNARDET.

Je présume que monsieur le comte a souvent à combattre... et contre un redoutable adversaire ?...

M. DE MIREMONT.

Mais non, Césarine est vraiment fort raisonnable... Je lui cède volontiers, et même avec empressement, dans toutes les petites occasions qui peuvent lui être agréables ; mais dès qu'il s'agit d'affaires graves, d'affaires d'état.... elle sait bien qu'il est inutile de me prier... et elle ne l'essaie même pas.

CÉSARINE.

Aussi ce matin, monsieur, vous me rendrez la justice de dire que je n'ai pas insisté.

M. DE MIREMONT.

C'est vrai.

CÉSARINE.

Et cependant, si vous l'aviez bien voulu, vous auriez pu ne pas causer ce désappointement à ce pauvre Oscar, et donner congé à la chambre haute, qui devrait bien s'habituer à marcher sans vous... car, enfin, si vous étiez malade...

M. DE MIREMONT, d'un air sévère.

Ma femme !...

CÉSARINE.

Allons, ne vous fâchez pas, je me tais... je

* Bernardet, qui était à l'extrême droite, traverse le théâtre et se trouve le premier à gauche. — Bernardet, M. de Miremont, Césarine, Oscar.

n'ai pas envie de me faire une querelle, et puisque vous le voulez absolument, que rien ne vous arrête... allez au Luxembourg; j'irai pendant ce temps-là à la séance du Conservatoire... si toutefois vous ne vous y opposez pas encore...

M. DE MIREMONT, s'inclinant et lui prenant la main.
Ma chère amie...

CÉSARINE.
J'ai dans la loge du ministre une place que sa femme m'a offerte, et qu'heureusement je n'avais pas refusée.

M. DE MIREMONT.
A la bonne heure.

BERNARDET, à part.
C'est là qu'elle voulait aller!

CÉSARINE, gaîment à Oscar.
Ce sera du moins un dédommagement qui ne me consolera pas de ce que je perds, mais qui m'empêchera d'y penser... (A M. de Miremont.) Partez vite; la voiture vous conduira d'abord au Luxembourg et viendra me rejoindre ici... où j'ai à parler à monsieur Bernardet.

BERNARDET.
Trop heureux d'être à vos ordres!

CÉSARINE.
Oscar, donnez donc le bras à votre cousin... jusqu'à la voiture...

M. DE MIREMONT.
Comme vous voudrez... mais c'est inutile.

BERNARDET.
Je le crois bien, monsieur le comte n'a pas besoin de bras; il a pour son âge une vivacité et une verdeur... Il est plus jeune que nous.

OSCAR, d'un air malin.
Je m'en rapporte à ma cousine!

CÉSARINE.
Vous êtes bête, Oscar.

OSCAR, riant.
N'est-ce pas, je suis drôle!... (A part.) Elle est un peu bégueule, ma cousine, mais elle est bien aimable. (Offrant son bras à M. de Miremont.) Je vous conduis jusqu'en bas... (A Bernardet.) Je donne les derniers ordres pour le déjeuner... (à Césarine.) et je reviens.

M. DE MIREMONT.
Adieu, ma femme!... ne sois pas fâchée contre moi, et surtout ne t'impatiente pas. Dans un quart d'heure je te renvoie la voiture.

(Il sort avec Oscar.)

SCÈNE III.

BERNARDET; CÉSARINE, allant s'asseoir sur un fauteuil à droite.

BERNARDET, debout près d'elle.
Vous aviez grande envie d'aller à ce concert?

CÉSARINE.
Vous croyez?

BERNARDET.
Quelque peu flatteur que ce soit pour nous... j'en suis persuadé...

CÉSARINE.
A la bonne heure, au moins! il y a du plaisir avec les gens qui vous comprennent... Eh bien! oui, docteur... nous étions hier soir chez le ministre; il est plus en faveur que jamais, aussi il y avait un monde à sa réception... impossible de l'avoir à soi un instant. A peine a-t-il eu le temps de me dire : « Allez-vous demain au concert? ma loge est à vos ordres. » Puis il a ajouté à demi-voix : « N'y manquez pas, j'ai à vous parler. »

BERNARDET.
Et sur quoi?

CÉSARINE.
Je l'ignore.... probablement sur la loi que l'on doit voter demain.

BERNARDET.
On dit qu'elle ne passera pas.

CÉSARINE.
Il lui manque quatre voix... Il faut que nous les lui trouvions.

BERNARDET.
Comment cela?

CÉSARINE.
Nous verrons!... Attendons d'abord que je lui aie parlé.

BERNARDET.
Vous aurez le temps, le concert sera long. Il y aura bien du malheur si entre deux morceaux vous ne lui dites pas un mot pour moi.

CÉSARINE.
Cette place à l'École de médecine?...

BERNARDET.
Tout le monde m'y désigne, vous le savez! et il est dans l'intérêt du pouvoir d'avoir là un professeur qui lui soit dévoué... qui prenne de l'influence sur cette jeunesse turbulente... c'est excellent les jours d'émeute... avec quelques phrases... « Jeunes-gens, jeunes étudiants, mes jeunes amis... » on se rend populaire... ils cassent les vitres aux cours de vos collègues et vous portent en triomphe, ce qui vous lance... et vous fait arriver de plain-pied... à tout ce qu'il y de plus élevé... *Sic itur ad astra*... Pardon de vous parler latin... la force de l'habitude.

CÉSARINE, souriant.
Je comprends très bien, docteur; je connais votre génie et votre activité pour vos intérêts...

BERNARDET.
Et ceux de mes amis... Je vous dois une belle clientèle, c'est vrai... vous m'avez mis en vogue par vos migraines et vos spasmes nerveux... ils ont fait ma fortune, j'en conviens... je ne suis pas ingrat. Mais vous conviendrez qu'à mon tour, gazette ambulante et bulletin à domicile, je ne parle dans mes ordonnances ou mes consultations que de vous, de vos soirées, de vos suc-

cès... et s'il est quelqu'un de ces secrets qu'on n'imprime pas, mais qu'on a besoin de faire connaître mystérieusement à tout Paris..... ne suis-je pas là!... en vingt-quatre heures le coup est porté, l'effet est produit et mes chevaux sont rendus... Voilà du dévouement...

CÉSARINE, se levant et lui tendant la main.

Je le sais, docteur, et vous pouvez compter sur moi.

BERNARDET.

Vous parlerez au ministre?

CÉSARINE.

Ce matin même.

BERNARDET.

C'est comme si j'étais nommé; un mot encore!... mais celui-là dans votre intérêt... M. de Miremont, votre mari, est-il jaloux?

CÉSARINE.

Cette question!...

BERNARDET.

C'en est une comme une autre.... Est-il jaloux?

CÉSARINE.

Quelquefois... si je le voulais... il aurait des idées de jalousie... dont je tire de temps en temps parti... mais seulement quand il y a absolue nécessité... Maintenant pourquoi cette demande?...

BERNARDET.

On prétend que le ministre est charmant pour vous.

CÉSARINE.

Mon mari est actionnaire d'un journal en crédit.

BERNARDET.

J'entends bien!... mais on assure que d'autres idées qui ne sont rien moins que politiques l'empêchent de vous rien refuser... dans l'espoir sans doute que votre cœur...

Un jour sera tenté
D'égaler Orosmane en générosité.

CÉSARINE.

Qui a dit cela?

BERNARDET.

C'est un bruit encore sans consistance... Faut-il le laisser errer au hasard ou le démentir sur-le-champ? je vais prendre vos ordres pour les transmettre à nos amis; commandez! que dirai-je?

CÉSARINE, froidement.

Vous pouvez dire, docteur, que l'on perdra son temps.

BERNARDET.

Je le savais d'avance! Je sais qu'entourée d'adorateurs, mais insensible à leurs hommages, vous n'aimez personne et n'avez jamais aimé!

CÉSARINE.

Qu'en savez-vous?

BERNARDET.

La Faculté s'y connaît!

CÉSARINE.

La Faculté pourrait bien se tromper!... (Lentement.) Il y a peut-être telle personne au monde pour qui j'aurais sacrifié autrefois la plus brillante position.. (Vivement.) J'étais folle alors...je ne le serai plus! l'expérience arrive...

BERNARDET, souriant.

Je devine! un premier amour!

CÉSARINE.

C'est possible.

BERNARDET.

Un beau jeune homme qui vous adorait..

CÉSARINE.

Au contraire!... et c'est là le plus piquant... je crois qu'il ne m'aimait pas... (Vivement.) Les inclinations sont libres; je l'ai oublié, je n'y pense plus... mais je lui en voudrai toute ma vie... et c'est là peut-être ce qui m'a donné ce besoin de distractions et d'activité, maintenant mon bonheur et ma seule passion; j'aime à me voir à la fois trois ou quatre affaires sérieuses ou futiles qui m'occupent et m'inquiètent. Ce sont des tourments si vous voulez, mais ce sont des émotions!... c'est de l'espérance ou de la crainte; c'est vivre du moins!... Voilà pourquoi vous me voyez souvent, si étourdie ou si audacieuse, brusquer la fortune que je pouvais attendre... changer d'idée au moment du succès, me lancer dans des périls que je connais... que je prévois... mais qui font battre le cœur... et rendent plus douce encore la joie du triomphe!

BERNARDET.

Vous avez manqué votre vocation; vous étiez faite pour gouverner un empire!

CÉSARINE, souriant.

On ne peut plus maintenant... ils se gouvernent tout seuls, et il ne nous reste plus à nous autres femmes que la diplomatie du ménage, la politique du salon... et les intrigues secondaires... C'est toujours cela... il faut se faire une raison et se contenter de ce qu'on a... faute de mieux!... (Gaîment.) De quoi s'agit-il aujourd'hui... et pourquoi ce déjeuner?...

BERNARDET.

Tous nos jeunes amis, qui vous sont dévoués et qui ne jurent que par vous, viennent ce matin (excepté votre cousin Oscar qui ne sait pas encore de quoi il est question), viennent ce matin délibérer avec du champagne sur une affaire assez importante... Nous avons parmi nous de grands talents, de grands génies; nous n'avons pas de députés... et un député qui serait des nôtres... qui serait à nous... ça ferait bien.

CÉSARINE.

Certainement!... ou du moins si ça ne fait pas de bien... ça ne peut...

BERNARDET.

N'est-ce pas?... c'est ce que je dis... Or, la députation de Saint-Denis est vacante, et avant de travailler les électeurs... il faudrait savoir au juste quel est celui d'entre nous que nous porterons, que nous pousserons d'un commun accord.

CÉSARINE.

C'est une élection préparatoire... et avez-vous quelques idées?...

BERNARDET.

J'attends les vôtres!

CÉSARINE, après un instant de silence.

Vous, par exemple!

BERNARDET, après avoir réfléchi.

Non!... j'aime mieux ce que je vous disais tout-à-l'heure... (Lentement.) Je ne me ferais député... comme tout le monde... que pour...

CÉSARINE, de même.

Pour avoir la place!...

BERNARDET, de même.

Et si je l'ai tout de suite...

CÉSARINE.

La députation est inutile.

BERNARDET.

C'est toujours ça de sauvé!... On perd aux affaires du pays un temps qu'on peut employer pour les siennes... Ah! je ne dis pas un jour... si d'autres idées... que vous ne pouvez deviner...

CÉSARINE, souriant en le regardant.

Peut-être!... en fait d'idées d'ambition ou de fortune, on devine toujours aisément... en allant au plus haut... c'est là que vous visez... et dans notre famille encore...

BERNARDET, un peu troublé.

Moi... madame!...

CÉSARINE.

Si je me trompe, tant mieux... Revenons à la députation... qui prendrons-nous?

BERNARDET.

Il y a quelqu'un qui en a bien envie... M. de Montlucar; mais, vu ses opinions... il demande avec instance... à être nommé malgré lui... C'est possible!

Oui, mais pas encore. Il se met en même temps sur les rangs pour l'Académie des Sciences morales et politiques: il faut que tout le monde arrive.

BERNARDET.

C'est juste.

CÉSARINE.

J'ai quelqu'un pour qui je voudrais vous voir, vous, mon cher Bernardet, ainsi que vos amis, employer toute votre influence; bien entendu qu'en même temps je vous seconderais du côté de mon mari et du ministère.

BERNARDET.

Eh! qui donc?

CÉSARINE.

Mon cousin Oscar Rigaut.

BERNARDET.

En vérité, vous avez déjà fait beaucoup pour lui, et après tout, ce ne sera jamais qu'un... un bien bon enfant, pas autre chose.

CÉSARINE.

Je le connais mieux que vous, mais c'est mon parent, et je dois pousser ma famille... non pour elle, mais pour moi. Je ne veux pas qu'on dise: C'est la cousine d'un marchand de bois, mais c'est la cousine d'un député, d'un conseiller, que sais-je? c'est moi que j'élève et que j'honore en lui.

BERNARDET.

Soit!... mais il est bien heureux, car il n'est pas fort.

CÉSARINE.

Tant mieux!... ce sera un homme à nous; ce seront trois ou quatre emplois dont il aura le titre et que nous exercerons à sa place. C'est comme son père, qui ne peut pas rester à Villeneuve-sur-Yonne, où il est... c'est un imbécile, mais c'est mon oncle, et il faut absolument pour moi que nous le mettions quelque part.

BERNARDET.

Que sait-il faire?

CÉSARINE.

Il ne sait rien.

BERNARDET.

Mettez-le dans l'instruction publique, une inspection, une sinécure.

CÉSARINE.

Son fils est déjà maître des requêtes, et son unique occupation est de ne rien faire.

BERNARDET.

Il aidera son fils.

CÉSARINE.

J'y penserai; mais pour Oscar, c'est convenu, n'est-il pas vrai? Je compte sur vous et sur nos amis.

BERNARDET.

Je les pousserai dans cette direction.

UN DOMESTIQUE, entrant.

La voiture de madame.

CÉSARINE.

Ah! mon Dieu, le concert sera commencé et je n'entendrai pas la symphonie en ré mineur. Adieu, docteur, vous avez ma parole.

BERNARDET.

Vous avez la mienne; et pour la réponse?

CÉSARINE.

Chez moi, tantôt.

BERNARDET.

Et à vous, toujours! attachement éternel.

(Il la reconduit jusqu'à la porte de la salle.)

SCÈNE IV.

BERNARDET, seul, s'inclinant encore, redescendant.

Oui, morbleu ! attachons-nous toujours au char de la fortune, sur-tout quand il monte !... quand il descend c'est autre chose ! Mais, grace au ciel ! nous n'en sommes pas là, et puisqu'elle le veut absolument, poussons M. Oscar, faisons-en un honorable... Une fois dans la foule et mêlé avec les autres, qui diable y fera attention ; et pour moi ça se retrouvera plus tard, quoique la belle Césarine, qui m'a deviné, car elle devine tout, se trouve fort humiliée de mes projets d'ambition. Il parait qu'elle ne veut de beaux mariages que pour elle seule, et qu'en fait d'alliances elle s'est réservé le monopole exclusif des pairs de France... Patience ! elle y viendra ! et à la première occasion importante où elle aura besoin de moi, nous en reparlerons. (Apercevant Oscar.) Eh bien ! notre cher Amphytrion...

SCÈNE V.

BERNARDET, OSCAR, EDMOND.

BERNARDET.

Tout est-il ordonné et prévu... nous annoncera-t-on bientôt le déjeuner ?

OSCAR.

Je vous annonce d'abord un convive. (Bas à Edmond, lui montrant Bernardet.) C'est un des nôtres... (A Bernardet, lui présentant Edmond.) C'est un ami, un intime que je vous présente... le camarade de collège dont je vous ai parlé ce matin.

BERNARDET, avec emphase.

Le jeune et brillant avocat dont nous avons causé si long-temps !

OSCAR.

Lui-même.

EDMOND, passant près de Bernardet.

C'est bien de l'honneur pour moi, et je ne m'attendais pas...

BERNARDET.

Avec un mérite comme le vôtre, monsieur, on doit s'attendre à tout.

EDMOND.

Mon ami Oscar a donc daigné vous parler de moi ?

BERNARDET.

Il n'en avait pas besoin. Une réputation aussi européenne que la vôtre... un nom aussi connu !... (Bas à Oscar.) Dites-moi donc son nom... (Se retournant, et voyant Oscar, qu'il croyait à côté de lui, occupé à donner des ordres à un domestique.) C'est égal... il y a des phrases toutes faites à l'usage du barreau !... (A Edmond.) vous avez

réconcilié, monsieur, le barreau moderne avec l'éloquence.

EDMOND.

Monsieur...

BERNARDET.

Et cette urbanité de diction, ce fashionable de bonne plaisanterie, qui n'ôte rien à la force des raisonnements et à la chaleur du style... et puis vous dites bien, ce qui est rare; un très bel organe... de la noblesse dans le geste.

EDMOND.

Vous m'avez entendu ?...

BERNARDET.

C'est avec un véritable intérêt que j'ai suivi toutes vos causes...

OSCAR.

En vérité ? (A Edmond.) Tu vois qu'il te connait, et il ne me l'avait pas dit !

BERNARDET, à part, haussant les épaules.

Quel parfait honnête homme !

EDMOND.

Quoi ! vous étiez à mon dernier plaidoyer ?

BERNARDET.

Je n'y étais pas à mon aise... car il y avait foule ; et j'ai sans doute beaucoup perdu ; mais c'est égal ; je me suis dit : Voilà un homme dont je voudrais faire mon ami, car je suis l'ami de tous les talents ; et, grace à notre camarade Oscar, mon vœu se trouve réalisé.

EDMOND.

Est-il possible !

OSCAR.

Tu vois bien !... qu'est-ce que je te disais ?... te voilà admis. Et comme il est bon enfant ! quelle amabilité ! quelle franchise !

EDMOND.

C'est vrai.

OSCAR.

Eh bien ! mon ami, ils sont tous comme cela.

SCÈNE VI.

SAINT-ESTÈVE, DESROUSEAUX, OSCAR, DUTILLET, BERNARDET, EDMOND.

OSCAR.

Arrivez, chers, arrivez donc !... Vous êtes bien en retard. Le déjeuner en souffrira !

DUTILLET.

J'espère bien que non !

OSCAR.

Je vais dire que l'on serve. Ici nous serons mieux ; c'est plus retiré : cela convient au banquet des sages.

DUTILLET.

C'est ce cher docteur !... (Bas à Oscar.) Et quel est ce jeune homme qui est avec lui ?

OSCAR.

Un nouvel ami, Bernardet, qui le connaît

intimement, vous le présentera. Je vais faire ouvrir les huîtres... Docteur, faites les honneurs..... Messieurs, faites comme chez vous; je reviens.

(Il sort en courant par la porte à gauche.)

BERNARDET, à part et remontant le théâtre.

Eh bien! cet imbécile-là nous laisse!

DUTILLET, à Edmond.

Un ami du docteur doit être le nôtre.

DESROUSEAUX.

Car nous ne faisons qu'un...

SAINT-ESTÈVE.

Nous sommes tous solidaires.

EDMOND.

J'ai bien peu de titres, messieurs, à un accueil aussi flatteur.

BERNARDET, passant au milieu[*].

Ne le croyez pas!... Pure modestie. Ici, mon cher, nous l'avons supprimée. Règle première : chacun se rend justice; on sait ce qu'on vaut; et vous-même, mon jeune Cicéron, vous le savez aussi. (Aux autres.) Oui, messieurs, avocat distingué,

Rien ne manque à sa gloire, il manquait à la nôtre.

DESROUSEAUX.

Monsieur est avocat?...

DUTILLET.

Depuis qu'Oscar s'est fait poète, nous n'en avions pas dans nos rangs.

BERNARDET.

Aussi je savais bien ce que je faisais en vous le présentant. (A part.) Et Oscar qui ne revient pas! (Passant près d'Edmond, le prenant par la main, et lui montrant Dutillet[**]. Monsieur Dutillet le libraire, qui mène tous nos amis à l'immortalité, en y marchant le premier.

DUTILLET.

Mon cher Bernardet!...

BERNARDET.

C'est tout naturel; celui qui conduit le char arrive avant les autres... Inventeur des papiers satinés, des marges de huit pouces et des affiches de quinze pieds carrés; il en médite une de trente dans ce moment. (Passant près de Desrouseaux[***].) Notre Desrouseaux, notre grand peintre, qui a inventé le paysage romantique; génie créateur, il ne s'est pas abaissé comme les autres à imiter la nature; il en a inventé une qui n'existait pas, et que vous ne trouverez nulle part. (A part.) Et Oscar qui n'arrive pas à mon aide! (Passant près de Saint-Estève[****].) Notre grand poëte!... Notre grand romancier! qui s'est placé dans la littérature comme l'obélisque avec sa

masse écrasante, ses hiéroglyphes... (Se retournant, et apercevant Oscar, qui fait apporter la table.) Eh! venez donc, mon cher Oscar! venez m'aider à passer en revue toutes nos illustrations.

OSCAR[*].

Y pensez-vous? nous ne déjeunerions pas d'aujourd'hui. (Riant.) Hi! hi! hi!

BERNARDET.

Ce diable d'Oscar met de l'esprit partout.

OSCAR.

Et pourtant je suis encore à jeun. (Remontant le théâtre et parlant aux domestiques.) La table ici... Apportez le champagne glacé, et montez les huîtres, si toutefois on a achevé de les ouvrir. (Descendant le théâtre et s'adressant à Desrouseaux qui donne la main à Edmond[**].) Eh bien!.... qu'est-ce? qu'y a-t-il?... Je vois que la connaissance est faite.

BERNARDET.

Vous l'avez dit. Ces messieurs le connaissent maintenant aussi bien que moi.

(Oscar remonte un instant le théâtre avec Edmond[***].)

DUTILLET, bas à Desrouseaux.

Sais-tu son nom?

DESROUSEAUX.

Et toi?

DUTILLET.

Pas davantage!... Mais il paraît que c'est un fameux, et qu'il est connu : tout le monde le connaît

DESROUSEAUX.

Alors il peut nous être utile.

DUTILLET.

Il plaidera *gratis* mes procès, moi qui en ai tous les jours avec les auteurs.

DESROUSEAUX à Edmond, qui redescend[****].

J'espère que monsieur me permettra de faire sa lithographie; elle est attendue depuis longtemps avec impatience.

EDMOND.

Y pensez-vous?

OSCAR, redescendant[*****].

Tu ne peux pas t'en dispenser. Nous sommes tous lithographiés... en chemise et sans cravate; c'est de rigueur... le déshabillé de l'enthousiasme... ça n'est pas cher, et ça fait bien; c'est un moyen de se montrer partout.

SAINT-ESTÈVE.

Notre nouvel ami me permettra de parler de lui dans mon premier roman... J'ai sur la profession d'avocat une tirade chaleureuse qui

[*] Saint-Estève, Desrouseaux, Bernardet, Dutillet, Edmond.

[**] Saint-Estève, Desrouseaux, Dutillet, Bernardet, Edmond.

[***] Saint-Estève, Desrouseaux, Bernardet, Edmond, Dutillet.

[****] Saint-Estève, Bernardet, Edmond, Desrouseaux, Dutillet.

[*] Saint-Estève, Bernardet, Edmond, Oscar, Desrouseaux, Dutillet.

[**] Saint-Estève, Bernardet, Desrouseaux, Oscar, Edmond, Dutillet.

[***] Saint-Estève, Bernardet, Desrouseaux, Dutillet; Oscar et Edmond, au fond.

[****] Saint-Estève, Bernardet, Edmond, Desrouseaux, Dutillet; Oscar, au fond.

[*****] Saint-Estève, Edmond, Oscar, Desrouseaux, Dutillet; Bernardet, qui remonte le théâtre.

semble avoir été faite pour lui et où tout le
monde le reconnaîtra...

EDMOND.

C'est trop de bontés.

SAINT-ESTÈVE.

Vous me rendrez cela dans votre premier
plaidoyer.

DUTILLET.

Que j'imprimerai à deux mille exemplaires...
Donnez-moi seulement vos improvisations la
veille... et vous aurez des épreuves au sortir de
l'audience...

(Dutillet, qui est à l'extrême droite, passe le premier à
gauche.)

SAINT-ESTÈVE.

Des annonces dans tous les journaux.

BERNARDET, redescendant le théâtre.

Des éloges dans tous les salons...

OSCAR.

Tu l'entends, mon ami, ce sont des succès
certains... comme je te disais, des succès par
assurance mutuelle.

EDMOND.

C'est bien singulier !

BERNARDET.

En quoi donc ?... nous sommes dans un siècle d'actionnaires ; tout se fait par entreprises et
associations... pourquoi n'en serait-il pas de
même des réputations ?

DUTILLET.

Il a raison !

BERNARDET.

Seul, pour s'élever, on ne peut rien ; mais
montés sur les épaules les uns des autres, le
dernier, si petit qu'il soit, est un grand homme!

OSCAR.

Il y a même de l'avantage à être le dernier...
c'est celui-là qui arrive.

BERNARDET.

Aujourd'hui, par exemple, nous avons à traiter en commun une importante affaire... dont
nous pouvons toujours dire quelques mots a-
vant le déjeuner, puisqu'il ne vient pas !

OSCAR.

C'est que tout le monde n'est pas arrivé.

(Oscar sort un instant*.)

BERNARDET.

Il s'agit, mes amis, de la députation de Saint-
Denis...

EDMOND, à part.

O ciel!... (Haut à Bernardet.) Est-ce que vous
croyez possible...

BERNARDET.

Cela dépend de nous et de celui que nous
choisirons. En nous entendant bien...

* Dutillet, Saint-Estève, Bernardet, Edmond, Oscar, Desrousseaux.

** Dutillet, Saint-Estève, Bernardet, Edmond, Desrouseaux.

EDMOND, avec émotion.

En vérité!

BERNARDET, à Edmond.

C'est le secret de notre force ! amitié à toute
épreuve, alliance offensive et défensive... Vos
ennemis seront les nôtres...

SAINT-ESTÈVE.

Nous les attaquerons en vers comme en prose.

BERNARDET.

A charge de revanche ; et si au palais, dans
quelque affaire d'éclat, n'importe par quelle
manière, vous trouvez le moyen, par exemple,
de tomber sur un de vos confrères à qui j'en
veux...

EDMOND.

Permettez... monsieur...

(Desrousseaux en ce moment remonte le théâtre; Oscar
rentre, et vient se placer près d'Edmond*.)

BERNARDET.

Un petit avocat... qui dans une cause contre
moi s'est permis de m'attaquer et de me railler...
un obscur... un inconnu... un nommé Edmond
de Varennes...

EDMOND.

Monsieur...

OSCAR, bas à Edmond.

Tais-toi!... je ne lui avais pas dit ton nom ;
mais à cela près, tu vois qu'il est bien disposé...
Ah!... (Se retournant et apercevant M. de Montlucar.)
Voici encore un convive !

SCÈNE VII.

SAINT-ESTÈVE et OSCAR, allant au-devant de
M. DE MONTLUCAR, restent avec lui un instant au fond du théâtre ; LES PRÉCÉDENTS, sur le
devant **.

DUTILLET.

Il est en retard, quand on s'occupe de ce qui
le regarde... car ce cher ami m'avait déjà parlé
en secret pour la députation.

DESROUSEAUX.

Et à moi aussi.

BERNARDET.

C'est comme à moi... Et il faut avant tout le
présenter au nouveau venu !

(Il l'amène en face d'Edmond qui le reconnaît ***.)

EDMOND.

M. de Montlucar !

M. DE MONTLUCAR, reconnaissant Edmond.

O ciel !

BERNARDET, à part.

En voilà un qui le connaît !... ce n'est pas
malheureux !

* Montlucar, Oscar, Saint-Estève, au fond du théâtre.
Sur le devant, Desrousseaux, Bernardet, Dutillet, Edmond.

*** Saint-Estève, Desrousseaux, Montlucar, Bernardet,
Edmond, Oscar, Dutillet.

M. DE MONTLUCAR.

Quoi, monsieur, vous ici?

EDMOND.

Je pourrais vous adresser la même question...
vous qui ne voulez pas être député... vous qui
n'allez solliciter les suffrages de personne...

M. DE MONTLUCAR.

J'ai suivi votre exemple. (A Desrouseaux qui est
à côté de lui.) C'est monsieur qui est libéral et
qui vient demander la voix d'un légitimiste.

EDMOND, à Oscar qui est à côté de lui.

C'est monsieur qui est légitimiste et qui demande la voix de tout le monde!

BERNARDET, se jetant entre eux.

Eh! messieurs! qu'importent les nuances? et
à quoi bon ces discussions qui nous désunissent
et nous font du tort?... Il n'y a ici que des camarades, des amis! l'amitié n'a qu'une opinion...
et elle en aurait deux et même plus, cela n'en
vaudrait que mieux. On a appui et protection
dans tous les partis; on se soutient mutuelle-
ment et avec d'autant plus d'avantages que l'on
a l'air de combattre dans des camps opposés...
(A Edmond.) Vous êtes pour l'empire, (à Montlucar.) vous pour la royauté, mon ami Dutillet
pour la république, et moi pour tous! Union
admirable et d'autant plus solide qu'elle a pour
base ce qu'il y a de plus respectable au monde...
notre intérêt! (Prenant la main de Montlucar qui se
laisse faire.) Allons, votre main. (A Edmond.) La
vôtre!...

EDMOND, la retirant avec force.

Jamais! j'ignorais ce que je viens de voir et
d'entendre! j'ignorais que, pour être de vos
amis, la première condition fût de mettre son
opinion et sa conscience au service de vos intérêts... Non, je ne donne point de pareils gages,
et n'accorde à personne le droit de m'en demander!

BERNARDET.

Un traître parmi nous!

DUTILLET.

Un traître à l'amitié!

EDMOND.

Ah! n'outragez pas un pareil nom! l'amitié
s'avoue et se proclame, elle ne se cache pas,
elle ne conspire pas! elle ne rougit pas de se
montrer! car la véritable amitié n'existe que
pour de louables actions! Hors de là, il n'y a
que complots, coteries et coupables manœuvres,
que le succès peut couronner d'abord, mais
dont le temps fera bientôt justice! Oui, qui
s'est élevé par l'intrigue tombera par l'intrigue,
car rien ne reste ici-bas que le talent; l'intrigue
peut le retarder, mais non l'empêcher d'arriver;
et quand viendra son jour, quand brillera sa lu-
mière, dès long-temps vous serez rentrés dans
l'obscurité natale qui vous attend et vous ré-
clame.

(Il sort.)

SCÈNE VIII.

SAINT-ESTÈVE, DESROUSEAUX, BER-
NARDET, OSCAR, DUTILLET, M. DE
MONTLUCAR.

BERNARDET.

Et qui donc est-il, lui qui parle ainsi?

M. DE MONTLUCAR.

M. Edmond de Varennes.

OSCAR.

Que vous connaissiez si bien et dont vous
avez suivi toutes les causes!

BERNARDET.

Mais aussi quelle mauvaise habitude a ce
diable d'Oscar de nous présenter des amis intimes dont on ne sait pas le nom!

OSCAR, à Bernardet.

Est-ce ma faute? aux éloges que vous lui
donniez, j'ai cru que vous le connaissiez mieux
que moi!

BERNARDET.

Est-il bon enfant?

DUTILLET, donnant à Oscar une poignée de main.

L'est-il?

M. DE MONTLUCAR.

Mais vous sentez bien que cela ne se passera
pas ainsi!

BERNARDET.

Y pensez-vous? pour servir un ennemi malgré
lui-même, pour lui donner de la réputation?...
il y en a dans ce monde qui se feraient tuer
pour se faire connaître, et vous iriez lui offrir
un pareil avantage!... vous avez trop d'esprit
pour cela, trop de profondeur, trop de portée!
(Se retournant vers les autres.) Occupons-nous de
choses plus graves maintenant... (Léonard, Savignac et Pontigni entrent en ce moment *. Oscar leur
donne une poignée de main et sort pour faire servir.)
Maintenant que nous voilà tous réunis, parlons
de notre grande affaire... traitons cela franchement et en famille.

LÉONARD.

Il a raison!

BERNARDET.

Il s'agit de faire nommer parmi nous un député... Qui a le plus de titres?... (Ils font un geste.)
Je vous entends... tous... nous en avons tous...
je ne viens donc pas discuter le mérite, il est
incontestable; nous pourrions tirer au sort et
les yeux fermés, ce qui vaudrait peut-être
mieux, certains, quoi qu'il arrivât, que le hasard serait juste; mais dans l'intérêt commun,
dans l'avantage de l'association, il y a peut-être
quelques considérations à observer qui ne vous
échapperont pas.

* Saint Estève, Desrouseaux, Montlucar, Bernardet,
Léonard, Savignac, Pontigni, Dutillet.

SAVIGNAC.

C'est juste; il faut avant tout un choix utile à nos amis.

M. DE MONTLUCAR.

Un choix ascendant, ou plutôt ascensionel, c'est-à-dire qui fasse monter le plus de monde possible.

BERNARDET.

C'est cela même. Il a des expressions d'un bonheur! il a nettement rendu ma pensée.

DUTILLET, passant au milieu, à la place de Bernardet, qui se retire, et prend l'extrême droite*.

Il me semble alors, messieurs, que par mes raports immédiats et journaliers avec tout ce qui écrit, imprime et publie, je me trouve naturellement porté à tendre la main à tout le monde... et c'est pour cela seulement que je me mets en avant... car, du reste, qu'importe qui l'on nommera : un peu plus tôt, un peu plus tard, nous y arriverons tous ; l'essentiel est de poser un premier échelon et qu'il soit solide.

M. DE MONTLUCAR.

C'est pour cela, messieurs, que par ma position sociale, mes relations de famille, de naissance, de fortune ; lancé comme je le suis dans le faubourg Saint-Germain, je pourrais peut-être, et mieux que mon honorable ami.....

BERNARDET, à part.

Ils se croient déjà à la chambre.

M. DE MONTLUCAR.

Vous tendre la main de plus haut, et vous offrir un plus ferme appui... Après cela, que j'arrive le premier ou le second, c'est indifférent, cela revient au même ; nous ne faisons qu'un, et qu'un seul soit en pied, nous y sommes tous.

SAINT-ESTÈVE, passant entre Montlucar et Dutillet.

Voilà pourquoi, messieurs, il me semble qu'une réputation colossale et pyramidale jetée au milieu de la chambre...

DUTILLET.

Permettez...

SAINT-ESTÈVE.

Laissez-moi achever...

DUTILLET.

Je vous comprends...

SAINT-ESTÈVE.

Vous vous flattez...

DUTILLET.

Je vous dis que je vous comprends... j'en ai l'habitude...et c'est pour cela que je demande... que l'on aille aux voix.

LÉONARD.

Il n'y en aura qu'une!

PONTIGNI.

C'est évident!

SAVIGNAC.

Et nous serons tous d'accord!

* Saint-Estève, Desrouseaux, Montlucar, Dutillet, Léonard, Savignac, Pontigni, Bernardet.

TOUS.

Aux voix!

BERNARDET.

A quoi bon ?...

M. DE MONTLUCAR.

C'est plus tôt fait.... des carrés de papier..... un seul nom... c'est l'affaire d'une seconde.

(Ils se mettent tous à la table à droite à faire des bulletins ; Oscar pendant ce temps a fait servir les huîtres et placer les chaises.

OSCAR.

L'autel est prêt.... on nous attend.... Allons, messieurs...

BERNARDET, sur le devant du théâtre, écrivant son bulletin.

J'ai mis Oscar ; arrivera ce qui pourra.

LÉONARD et PONTIGNI, écrivant sur la table du milieu, qui est servie.

Eh ! que diable !... un instant.

M. DE MONTLUCAR, de même.

Nous nous occupons là de choses sérieuses.

OSCAR.

Je ne connais rien de plus sérieux qu'un déjeuner... Il faut avant tout être à ce qu'on fait. Ah ! et le chablis que j'oubliais !

(Il sort.)

DUTILLET, qui s'est assis à la table à droite, entouré de tous les camarades, dépouille les bulletins.

Saint-Estève, un ! Montlucar, un ! Desrouseaux, un ! Dutillet, un ! Léonard, un !...

(Il dépouille tout bas.)

BERNARDET, regardant le résultat.

C'est étonnant...tout le monde a un vote... pas davantage !

SAVIGNAC.

Excepté vous, docteur.

BERNARDET.

Comme vous le disiez... il n'y a qu'une voix... (A part.) J'aurais dû m'en douter ! chacun s'est donné la sienne !

DUTILLET.

C'est bien singulier... (A part.) Après ce qu'on m'avait promis...

M. DE MONTLUCAR.

Oui, c'est assez extraordinaire..... (A part.) Après ce qui avait été convenu.

BERNARDET.

Il me semble alors qu'il y a lieu ou jamais au scrutin de ballotage.

PONTIGNI.

Recommençons!

BERNARDET, bas à Montlucar qui va écrire.

La seconde députation sera pour vous... madame de Miremont vous le jure, si vous portez aujourd'hui Oscar, son cousin.

M. DE MONTLUCAR, de même.

Je l'aime mieux que ce fat de Saint-Estève... ou ce républicain de Dutillet.

(Il va écrire son bulletin à la table.)

BERNARDET, bas à Dutillet.

Vous n'avez pas de chances cette fois, et madame de Miremont vous en promet pour la prochaine... si l'on nomme Oscar, son cousin.

DUTILLET.

Cet imbécile-là... Ma foi! oui... je le préfère à ce jésuite de Montlucar.

(Ils écrivent des bulletins pendant que Bernardet va parler bas à plusieurs d'entre eux.)

OSCAR, entrant.

Si vous ne vous dépêchez pas, messieurs, c'est un déjeuner manqué... tout cela demande instamment à être mangé chaud... Vous ferez vos écritures au dessert... ou après le café!

DUTILLET, dépouillant les bulletins.

Oscar, un! Oscar, deux! Oscar, trois! Oscar... Il est nommé... nommé à une imposante majorité...

OSCAR, étonné.

Quoi donc ?... qu'est-ce que c'est ?...

BERNARDET.

Vous serez député !... *Tu Marcellus eris!*

OSCAR.

Moi !...

DUTILLET.

Nous te portons tous à la députation de Saint-Denis...

OSCAR.

Est-il possible ?

M. DE MONTLUCAR.

C'est décidé !

OSCAR.

Moi qui n'y pensais seulement pas..... On ne dira pas cette fois que j'ai intrigué..... Eh bien! mon cher, c'est étonnant, mais voilà comme tout m'arrive!

M. DE MONTLUCAR.

Ce que c'est que le mérite, mon cher.

BERNARDET.

Il en a tant... et du vin de champagne donc. A table, messieurs.

TOUS.

A table !

(Ils s'asseyent autour de la table.)

OSCAR, s'asseyant.

C'est drôle... de faire un député à table !

M. DE MONTLUCAR, de même.

C'est par là qu'on arrive...

BERNARDET.

Et par là qu'on se maintient! (Regardant tous les autres camarades.) Nous jurons donc d'employer tout notre crédit...

DUTILLET et LÉONARD.

Toute notre influence...

M. DE MONTLUCAR, SAVIGNAC et PONTIGNI.

Tous nos amis...

BERNARDET.

Pour faire proclamer notre camarade Oscar Rigaut député...

TOUS.

Nous le jurons !

BERNARDET.

A charge de revanche !

OSCAR, se levant.

Je le jure !

BERNARDET, se versant un verre de champagne.

Et sur ce, je bois à sa nomination.

OSCAR.

A la vôtre, aux camarades, à l'amitié !

TOUS, debout et choquant l'un contre l'autre leur verre rempli de champagne.

Amitié éternelle !

●●

ACTE TROISIÈME.

La scène se passe dans l'hôtel de M. de Miremont. Le théâtre représente un riche salon. Portes au fond; deux latérales.

SCÈNE I.

AGATHE, seule, sortant de la porte à droite.

Entendre de pareilles choses et être obligée de se modérer, et n'oser même parler..... c'est plus fort que moi... je ne peux pas y tenir !... je sors. Césarine est là dans le cabinet de mon père; depuis une heure elle lui fait un éloge d'Oscar, son cousin... Il est évident qu'elle veut le faire nommer député..... c'est clair comme le jour. Eh bien! elle s'est arrangée de manière que l'idée en est venue de mon père..... c'est lui qui maintenant veut le porter de tout son pouvoir... et c'est sa femme qui fait des objections..... et mon père répond que c'est son parent, son cousin; qu'il se doit à lui-même de le présenter aux électeurs..... Il va en parler au ministre...

Et les courses, les visites, les journaux, les démarches de leurs amis; tout va être mis en usage pour élever un sot... un imbécile... Il sera élu, c'est sûr !... Comment ce pauvre Edmond pourrait-il résister? il n'a pour soutien que son mérite... (regardant autour d'elle.) et moi... peut-être... deux protecteurs qui gardent le silence... Il est venu tout-à-l'heure... me parler pour mon procès... pour la signification de ce jugement... que sais-je ?... Ce n'était pas cela qu'il voulait me dire, j'en suis certaine !... et il avait un air si malheureux et si désespéré que malgré moi j'ai manqué de m'écrier : « Edmond, qu'avez-vous donc ?..... mais il y avait là du monde... Il y en a toujours ici ! et il s'est retiré en m'adressant un regard qui était comme un dernier adieu !... Oui, j'en suis sûre... je ne le reverrai plus... Et il faut se taire... il faut renfermer là dans son cœur un chagrin... et un secret... que je n'ai jamais dit à personne... pas même à lui !.. O mon Dieu... qui viendra à mon aide ? (Se retournant et apercevant madame de Montlucar qui entre.) Zoé !...

SCÈNE II.

AGATHE, ZOÉ.

ZOÉ.

Qu'as-tu donc ?

AGATHE.

Ah ! je formais un vœu que le ciel a entendu... puisque te voilà !

ZOÉ.

Eh oui ! sans doute... je viens passer toute la journée avec toi.

AGATHE.

Quel bonheur !

ZOÉ.

Mon mari est en grande affaire ; il se rend à Saint-Denis pour cette élection, où la manufacture, dont il est un des principaux propriétaires, lui donne une grande influence.

AGATHE, vivement.

Est-ce qu'il voudrait se faire nommer ?

ZOÉ.

Je l'ai cru d'abord... mais je me trompais... Il porte, ainsi que ses amis, M. Oscar Rigaut.

AGATHE.

Et eux aussi !... Tout le monde est donc pour lui ?... un homme qui est la nullité même !...

ZOÉ.

C'est peut-être pour cela !... personne ne le craint !

AGATHE.

Et notre pauvre Edmond ?...

ZOÉ.

Franchement, j'ai bien peur qu'il n'y ait plus de chances pour lui.

AGATHE.

Ah ! que me dis-tu là ?... voilà ce qui m'explique le désespoir que j'ai vu dans ses traits...

ZOÉ.

Je crois bien... aigri comme il l'est par l'injustice et l'infortune... tu ne sais pas ce dont il est capable. Il me répétait souvent qu'il était voué au malheur, que personne ne s'intéressait à lui, que la vie lui était à charge... ce que disent maintenant tous les jeunes gens... c'est l'usage... c'est convenu... Cela ne m'effrayait pas... mais tout-à-l'heure, en rentrant un instant chez moi, où j'avais dit que je ne reviendrais pas de la journée, j'apprends qu'Edmond est venu en mon absence... sans doute en sortant de chez toi... et que ne me trouvant pas il a écrit à la hâte la lettre que voici... qui m'a indiquée...

AGATHE.

Qu'est-ce donc ?

ZOÉ.

Ce n'est pas tant l'ingratitude, quoique déjà ce soit bien mal ; mais lui qui est distingué... qui a de l'esprit... de bonnes manières... donner dans des idées pareilles... c'est si commun... si mauvais genre...

AGATHE, lui arrachant la lettre.

Eh ! donne donc ! (Lisant.) « Tous mes efforts « sont inutiles ; je vais échouer encore ; et le « rival qui l'emporte sur moi... c'est Oscar... « Je ne me sens pas le courage de lutter plus « long-temps. Adieu, vous qui fûtes mon amie, « et qui serez ma seule confidente... Un amour « sans espoir faisait le malheur de ma vie... et « ce soir, quand vous lirez cette lettre, ne me « plaignez pas... j'aurai cessé de souffrir... » (Poussant un cri.) Ah !

ZOÉ, lui reprenant la lettre.

Qu'as-tu donc ?... ne t'effraie pas... tu sens bien que j'ai envoyé chez lui... et il viendra ici tantôt pour que nous le sermonnions à nous deux... Car, en vérité, cela devient absurde ; si les amants malheureux n'ont pas de patience et commencent par se tuer, qu'est-ce que nous allons devenir ? Pauvre Edmond !... moi, d'abord, je ne m'en consolerais jamais.

AGATHE.

Et moi... j'en mourrais d'abord !

ZOÉ, avec effroi.

O ciel ! que dis-tu ?

AGATHE.

Ce que j'ai caché jusqu'ici à lui... à toi... ce que j'aurais voulu me cacher à moi-même... Eh bien ! oui, je l'aime depuis mon enfance, depuis ces jours où il nous appelait ses sœurs... car alors il était pour nous deux un frère, un ami... ah ! pour moi, plus encore !... J'admirais déjà sa franchise, sa rigide probité, son âme à la fois si aimante et si désintéressée, ce respect sur-tout qui lui faisait renfermer avant dans son cœur un secret que j'avais deviné avant lui peut-être !... Aussi, libre de ma main et de ma fortune, je lui dirais sur-le-champ et sans hésiter : « Soyez riche, car je le suis ; soyez heureux, car je vous aime... » Zoé, qu'as-tu donc ?

ZOÉ.

Rien... continue.

AGATHE.

Si ; vraiment...

ZOÉ.

Écoute donc, on n'est pas maîtresse de ça... et tu as bien fait de parler... c'est ce qu'on devrait toujours faire entre amies... non pas que je songe à lui, je ne le crois pas !... mais cette maudite lettre qui ne nommait... qui ne désignait personne... j'ai cru un instant, je l'avoue, que c'était pour moi qu'il voulait se... Cela effraie... mais cela flatte toujours... (Gaîment.) C'est fini...

je n'y pense plus... Et puis j'ai mon mari... qui n'est pas aimable tous les jours... mais c'est égal; pour lui et pour moi tout est pour le mieux. Ainsi, ma petite Agathe, n'aie pas peur, aime-moi toujours, et continue.

AGATHE.

Ah! que tu es généreuse!

ZOÉ, lui prenant la main.

Les hommes, dit-on, sont cause que les femmes ne s'aiment pas: prouvons le contraire; et, puisque tout le monde forme une ligue contre Edmond, formons-en une en sa faveur... Deux bonnes amies, deux camarades de pension qui conspirent en secret et sans intérêt pour un pauvre jeune homme..... le motif est si louable... notre cause est si juste!!... le ciel sera pour nous!... et les femmes aussi!

AGATHE.

Bel appui!

ZOÉ.

Pourquoi pas?... la camaraderie des femmes vaut bien celle des hommes... elle est plus franche... quand elle l'est.

AGATHE.

Oui, mais elle n'a pas le même crédit. Pouvons-nous, par exemple, à nous deux, vaincre tous les obstacles qui s'opposent à son avancement? pouvons-nous le faire nommer député?

ZOÉ.

Peut-être bien!... sinon par nous-mêmes... au moins par les autres, ceux sur lesquels nous exerçons de l'influence... Mais, règle première, il ne faut rien dire à Edmond de ce que nous voulons faire pour lui; il n'y verrait que de l'intrigue; il refuserait ou gâterait tout.

AGATHE.

Tu crois!

ZOÉ.

Je le connais... Mais il est ici une personne influente qu'avec un peu d'amabilité tu pourrais gagner pour notre ami...

AGATHE.

Qui donc?

ZOÉ.

Le docteur Bernardet, l'ami de la maison, le confident de ta belle-mère... Il est rempli de soins et d'attentions pour toi, a toujours peur que tu t'enrhumes, te fait croiser ton châle, et a toujours pour toi dans sa poche de la pâte pectorale.

AGATHE.

Oui... je l'ai déjà remarqué... mais je te dirai en grande confidence que je crois qu'il me fait la cour.

ZOÉ.

A toi!

AGATHE.

Non! à ma dot.

ZOÉ.

Alors ce n'est plus cela... et il n'aura garde de protéger un rival.

AGATHE.

A qui alors nous adresser?... comment faire? quel moyen employer?...

ZOÉ, sautant de joie.

Ah! j'en ai un... j'en ai un qui renforce notre coalition... une femme de plus... Tout dépend de ta belle-mère... c'est elle ici qui mène tout... qui dirige tout... il s'agit de la gagner; et je serais sûre du succès si Edmond pouvait se décider à être pour elle... un peu aimable, un peu galant.

AGATHE.

Fi donc!

ZOÉ.

A lui faire un peu la cour!

AGATHE.

Mauvais moyen... mauvais... il n'y consentirait jamais, car il ne peut la souffrir...

ZOÉ.

Je le sais!

AGATHE.

Et elle le lui rend bien!

ZOÉ.

Peut-être... j'ai toujours eu des idées que tu ne partageais pas! autrefois, quand elle était notre sous-maîtresse, j'observais... à la pension on n'a que cela à faire, et j'ai cru voir souvent mademoiselle Césarine Rigaut regarder M. Edmond d'une certaine manière... Je ne m'y connaissais pas alors... mais maintenant que j'ai quelques connaissances... et de la mémoire... il me semble bien que... Enfin sois tranquille, j'ai mon projet...

AGATHE.

Que veux-tu faire?...

ZOÉ.

Que t'importe? puisque ni toi ni Edmond n'y serez pour rien, et que seule je veux tenter une entreprise téméraire peut-être... car il n'est pas facile de jouter avec Césarine... mais elle marche tellement dans sa force et dans sa puissance... elle a tant d'esprit et m'en suppose si peu, qu'elle ne se méfiera pas de moi... d'ailleurs nous n'avons pas le choix des moyens; c'est par elle qu'il nous faut triompher ou succomber, et si j'échoue...

AGATHE.

Tu t'en fais une ennemie!...

ZOÉ.

C'est déjà fait... et si je réussis... j'assure la fortune d'un ami... son bonheur... le tien... et alors... (lui tendant la main.) le mien aussi!

AGATHE.

Ma bonne Zoé.

ZOÉ.

Tais-toi!... c'est ta belle-mère!... quel air grave et soucieux!

AGATHE.

Elle est presque toujours ainsi.

ZOÉ.

Cela sied bien aux femmes qui sont hommes d'état !... rentre, il faut que nous soyons seules !

ooooooooooooooooooooooooooooooooooooooooooooooo

SCÈNE III.
ZOÉ, CÉSARINE.

CÉSARINE, entrant en rêvant et s'asseyant sur un fauteuil à droite.

Bernardet est nommé... il doit en avoir maintenant la nouvelle... mais le ministre l'a dit... quatre voix de plus et la loi passerait... et ces quatre voix, si je pouvais les lui donner, je serais toute puissante... on n'aurait rien à me refuser... mais où les trouver? impossible... même en convoquant le ban et l'arrière-ban de nos amis... si Oscar était nommé... c'en serait une, ce serait un zéro qui servirait à quelque chose... mais il sera trop tard.

ZOÉ, à part.

Ma foi!... et au risque d'interrompre l'homme d'état dans ses méditations... avançons!...

CÉSARINE, l'apercevant.

Madame de Montlucar...

ZOÉ.

Ma chère Césarine...

CÉSARINE.

Quel extraordinaire!... M. de Montlucar nous honore souvent de ses visites... mais vous êtes moins aimable ou plus fière... car on ne vous voit jamais...

ZOÉ.

Il est de fait que depuis la pension...

CÉSARINE, à part.

Elle ne peut pas dire deux phrases sans en parler.

ZOÉ.

Les temps sont bien changés!

CÉSARINE.

En quoi donc?

ZOÉ, d'un air railleur.

Cette pension où vous étiez notre supérieure...

CÉSARINE, avec fierté.

Je ne vois pas qu'il y ait grand changement.

ZOÉ, à part.

L'insolente!

CÉSARINE, reprenant un ton plus aimable.

Je trouve seulement que depuis mes grandeurs... vous m'avez disgraciée, et c'est ce dont je me plains...

ZOÉ, à part.

Elle fait la protectrice à présent!

CÉSARINE.

Car je n'ai point oublié... moi, cette petite Zoé si espiègle et pourtant si naïve...

ZOÉ, d'un air de bonhomie.

Vous voulez dire si simple... et vous avez rai-

son... car maintenant comme alors, j'aurais grand besoin de vos leçons... par malheur vous n'en donnez plus... sans cela je viendrais profiter... Oui, vraiment, j'admire toujours ce tact prodigieux qui ne vous abandonne jamais, ce coup d'œil rapide et sûr qui vous guide et vous dirige sur-le-champ... moi je n'ai ni inspiration, ni présence d'esprit... je ne sais jamais que le lendemain ce qu'il aurait fallu dire ou faire la veille... tandis que vous!... vous êtes la femme du jour...

CÉSARINE, souriant.

Tenez, ma chère Zoé, vous me flattez beaucoup... vous avez besoin de moi.

ZOÉ, naïvement.

C'est vrai! voilà justement le coup d'œil dont je vous parlais.

CÉSARINE.

Dites-moi alors ce que vous voulez... vous venez de la part de votre mari...

ZOÉ.

Non vraiment... il ignore ma démarche...

CÉSARINE.

C'est donc pour vous!

ZOÉ.

Encore moins!

CÉSARINE.

Pour qui donc alors?

ZOÉ.

Ah! voilà le difficile... et je ne sais plus maintenant si j'oserai... j'ai peut-être même en tort de m'avancer autant... mais comme je vous le disais tout-à-l'heure, je ne sais jamais dans le moment le parti qu'il faut prendre... et je crois maintenant que j'ai choisi un mauvais moyen... Aussi, tout calculé... j'aime mieux ne pas vous en parler...

CÉSARINE.

Quelle folie... puisque nous y sommes...

ZOÉ.

Et si cela vous fâche... si ma démarche vous paraît absurde, inconvenante...

CÉSARINE.

Entre nous!... entre anciennes amies!...

ZOÉ.

C'est que justement... il s'agit ici d'un ancien ami... il y va non pas de son bonheur ou de sa fortune... mais de ses jours qui sont en danger...

CÉSARINE.

De qui parlez-vous?...

ZOÉ.

D'Edmond de Varennes...

CÉSARINE, troublée et cherchant à se remettre.

Edmond!...

ZOÉ, à part, l'observant.

Je ne me trompais pas... elle l'a aimé...

CÉSARINE.

Ses jours sont en danger!...

ZOÉ, la regardant bien en face.

Je le sais, moi qui ne suis pour lui qu'un

sœur et qu'une amie... et vous l'ignorez, vous qu'il aime et qu'il a toujours aimée...

CÉSARINE, troublée.

Moi!

ZOÉ, vivement à part.

Elle l'aime encore...

CÉSARINE, se remettant peu à peu de son émotion.

Vous n'y pensez pas; et vous me dites là, Zoé, des choses impossibles. Lui qui depuis un an semble m'éviter et me fuir, lui qui ne cache pas sa haine, lui qui même en ma présence ne peut s'empêcher de me témoigner par ses regards toute son aversion.

ZOÉ.

Eh! mon Dieu! oui, tout cela est vrai! mais faut-il que ce soit moi, qui n'ai ni votre tact ni votre esprit, qui vous apprenne ce que peuvent chez un jeune homme l'amour-propre blessé, la perte de toutes ses espérances, et le dépit et la jalousie auxquels, depuis un an, il est en proie... oui, madame, depuis un an, depuis votre mariage... et vous ne voulez pas qu'il vous évite, vous ne voulez pas qu'il vous déteste!... Il vous aimait, et par raison, par ambition peut-être, vous vous donnez à un autre, ce qui était bien mal... Mais, pardon, je ne dois vous parler que de lui, qui trop fier pour se plaindre, trop malheureux pour se consoler, n'a pris que moi pour confidente de ses chagrins, et qui perdant enfin toute illusion et tout espoir, a résolu aujourd'hui de mettre fin à ses tourments et à ses jours. Tenez, vous connaissez son écriture: lisez!

CÉSARINE, lisant la lettre que Zoé vient de lui donner.

O ciel!... Ce n'est pas croyable!... Comment?... il m'aimait sans me le dire?...

ZOÉ.

Lui!... Il ne vous le dira jamais; il mourra plutôt que de vous l'avouer. De ce côté-là, rassurez-vous.

CÉSARINE, lui tendant la lettre.

N'importe; je suis fâchée que vous m'ayez donné cette lettre.

ZOÉ, la reprenant.

Que pouvais-je faire, cependant? J'étais bien embarrassée. Fallait-il tenter une démarche qu'il ignore et qu'il ignorera toujours, ou bien fallait-il le laisser mourir, ce pauvre garçon?... car c'est ce soir, il est décidé. Vous ne le connaissez pas.

CÉSARINE.

Si, vraiment; je connais depuis long-temps son caractère sombre, inquiet et malheureux; mais quelque désir que j'aie de sauver ses jours, ce n'est guère en mon pouvoir. C'est à vous, Zoé, de le rappeler à la raison; car moi je ne puis ni le voir ni lui parler.

ZOÉ.

Cela va sans dire, et c'est bien ainsi que je l'entends; je connais trop vos principes; mais

qu'au moins ce pauvre jeune homme ne soit plus accablé de votre haine; car ce qui lui a porté le coup fatal, ce qui l'a réduit au désespoir, c'est la certitude que vous étiez son ennemie déclarée.

CÉSARINE.

Moi?

ZOÉ.

Par-tout il vous trouve comme un obstacle à son avancement, à sa fortune. Est-ce là le prix et la récompense de tant de souffrances et de tant d'amour? Est-ce juste, est-ce loyal? Si au contraire il avait la preuve que vous cessez de vous joindre à ses ennemis, que même une fois par hasard vous l'avez défendu, servi, protégé... ah! cette idée seule le rattacherait à la vie, au bonheur, à toutes ses illusions; et vous auriez sauvé ses jours sans qu'il en coûtât rien au devoir.

CÉSARINE.

Vous croyez?

ZOÉ, vivement.

Aujourd'hui, par exemple, vous l'avez vu par cette lettre, il était sur les rangs pour être député; tout son avenir d'ambition en dépendait; et vous lui opposez un homme qui est votre parent, il est vrai, mais pour lequel vous n'avez ni amitié, ni estime; un homme qui se soutient par votre appui, et qui tomberait par son mérite; et c'est un tel concurrent qui l'emporterait sur Edmond, grace à vos soins, grace à vous! Ah! il y aurait de quoi lui donner le coup de la mort, et vous ne le voudriez pas.

CÉSARINE.

Non, non, Zoé; vous avez raison, la justice avant tout.

ZOÉ.

Même avant les cousins.

CÉSARINE.

Et je vous réponds que s'il est encore temps, je verrai... je tâcherai; je ne suis pas sûre que mon crédit puisse aller jusque là, mais j'essaierai du moins.

ZOÉ.

Et c'est tout ce que je demande.

UN DOMESTIQUE, annonçant.

Monsieur le docteur Bernardet!

‿‿

SCÈNE IV.

ZOÉ, BERNARDET, CÉSARINE.

BERNARDET, à Césarine.

J'ai reçu ma nomination; je suis professeur, grace à vous, qui êtes mon bon ange. Mais en revanche j'arrive de Saint-Denis avec Montlucar (à Zoé.) votre mari, qui m'a ramené dans son tilbury.

ZOÉ ET CÉSARINE, vivement.

Eh bien?...

BERNARDET, à Césarine.

Eh bien....

(Il regarde Zoé avec inquiétude.)

CÉSARINE, montrant Zoé.

On peut parler devant elle.

ZOÉ.

Eh! oui, docteur, je suis des vôtres.

BERNARDET, se frottant les mains.

Eh bien! madame, tout va au mieux.

CÉSARINE.

Comment cela?

BERNARDET.

Nous sortons de l'assemblée préparatoire du premier collége, où j'ai l'honneur d'être un des plus imposés. Oscar a parlé aux électeurs, et sa petite improvisation a produit le meilleur effet, sauf un ou deux endroits où il a manqué de mémoire. Mais le discours est fort bien; c'est notre camarade Saint-Estève qui l'a composé, et nous le ferons paraître ce soir avec des notes et des réflexions impartiales du rédacteur, et, entre parenthèses : « Marques d'approbation générale. »

CÉSARINE.

Toute l'assemblée était donc pour lui?

BERNARDET.

Du tout : un tiers seulement, composé de nos amis, des chefs d'ateliers de M. de Montlucar et de quelques badauds indécis qui étaient de notre opinion parcequ'ils s'étaient mis à côté de nous en entrant dans la salle. Le reste était contre, et semblait disposé à faire de l'opposition. Alors j'ai eu recours aux grands moyens. J'ai pris à partie notre candidat, et je l'ai, ma foi! mal mené.... je l'ai attaqué violemment sur ses opinions.

CÉSARINE.

Il n'en a jamais eu.

BERNARDET.

Tant mieux! on a de l'espace dans tous les sens. Je lui ai crié : « Monsieur! je ne m'en cache pas, vous n'êtes pas mon candidat; je vous repousse, pour telle et telle raison. » Et je l'ai accablé; mais Oscar a repris la parole, et a répondu alors...

CÉSARINE.

Quoi donc?

BERNARDET.

Le second discours préparé pour sa réplique... Cette fois-là il ne s'est pas trompé; il a eu de la chaleur, il a été beau; il a rétorqué tous mes arguments; j'ai été obligé d'en convenir, et nos camarades se sont écrié : « Vous l'entendez! ses ennemis eux-mêmes sont forcés de lui rendre justice! » et ce dernier coup de théâtre, adroitement ménagé; a entraîné les innocents, les candides, les moutons de Panurge, ceux qui sans le savoir font toutes les majorités, et qui maintenant sont plus enragés que les autres.

Voilà, belle Émilie, à quel point nous en sommes.

ZOÉ, à Césarine.

Ils nommeront Oscar!

BERNARDET.

J'en réponds! Je réponds du premier collége; et c'est ce soir une affaire enlevée, pourvu que de son côté votre mari présente votre jeune cousin au second collége où sont vos métayers, vos fermiers, tous gens qui dépendent de lui; c'est essentiel : et vous y avez déjà songé, car je vois monsieur le comte tout habillé, et prêt à sortir.

~~~~~~

SCÈNE V.

CÉSARINE, ZOÉ, M. DE MIREMONT, BERNARDET.

M. DE MIREMONT.

Oui, docteur, je n'attends plus que M. Oscar por me rendre à l'assemblée préparatoire*.

ZOÉ, bas à Césarine.

Au nom du ciel, qu'il n'y aille pas!

CÉSARINE, de même.

C'est moi qui l'ai engagé à y aller, et maintenant que faire?

ZOÉ, de même.

Tout ce que vous voudrez!... Dites-lui du mal d'Oscar.

CÉSARINE, de même.

Depuis ce matin je lui en fais l'éloge.

ZOÉ, de même.

Qu'est-ce que cela fait?

CÉSARINE.

Elle a raison, le sujet prête, et je peux toujours... Impossible!... le voilà!

~~~~~~

SCÈNE VI.

BERNARDET, M. DE MIREMONT, OSCAR, CÉSARINE, ZOÉ.

ZOÉ, à part, et pendant qu'Oscar s'approche de M. de Miremont qu'il salue.

Arriver juste au moment où l'on va dire du mal de lui... il y a pour les sots des hasards qui ont de l'esprit!

OSCAR, s'approchant ensuite de Césarine.

Je viens, ma chère cousine, vous faire part du succès que j'ai déjà obtenu.

CÉSARINE.

Nous le savons par le docteur.

OSCAR.

Qui s'est chaudement montré... ainsi que M. de Montlucar et tous nos amis... (A Bernardet.) Et puis j'ai bien parlé, n'est-ce pas?... j'ai parlé long-temps.

* Bernardet approche à M. de Miremont le fauteuil qui est près de la table à gauche, et les acteurs se trouvent dans l'ordre suivant : Bernardet, M. de Miremont, Césarine, Zoé.

ZOÉ.

Le temps ne fait rien à l'affaire.

M. DE MIREMONT.

Si, vraiment! cela empêche les autres!...Nous en avons un ou deux comme ça à la Chambre des pairs qui tiennent toute la séance... il n'y a jamais rien à leur répondre.

BERNARDET.

C'est sans réplique.

OSCAR, à Césarine.

Le premier collège est à nous; et d'après le petit mot que vous m'avez envoyé, ma belle cousine, je viens prendre monsieur le comte pour qu'il me présente aux électeurs du second.

M. DE MIREMONT.

Je suis à vos ordres, mon cher Oscar.

ZOÉ.

Il fait bien froid... et ce voyage à Saint-Denis pourra vous faire du mal.

BERNARDET.

Au contraire... de l'air, de l'exercice... c'est ce qu'il vous faut.

CÉSARINE.

Certainement... un soleil superbe... (Bas à Zoé.) Il n'ira pas, j'en réponds*.

M. DE MIREMONT sonne, un domestique paraît.

Que l'on mette les chevaux!

(Le domestique sort.)

ZOÉ, à part.

Ma foi! si elle s'en tire... elle mérite d'être ministre.

CÉSARINE, à M. de Miremont qui vient de s'asseoir sur le fauteuil à gauche**.

Cela vous fera du bien de sortir... le docteur le dit... et quand même vous risqueriez un rhume ou un mal de gorge, c'est bien le moins pour un ami... pour un parent tel que lui... Quant à moi, s'il le fallait... et si cela était nécessaire, je m'exposerais à bien d'autres périls pour vous, Oscar... vous le savez...

OSCAR.

Cette bonne cousine!

CÉSARINE.

Ce n'est pas d'aujourd'hui que vous connaissez mon affection et mon dévouement... J'ai toujours eu l'idée que vous arriveriez par moi aux honneurs et à la fortune... Vous rappelez-vous, dans notre jeunesse... quand nous nous promenions ensemble au bord de l'Yonne, et qu'appuyée sur votre bras.... je vous disais: Oscar!!!

OSCAR.

Je ne me rappelle pas.

CÉSARINE.

Je le crois bien, cela nous est arrivé tant de fois... et c'était si naturel, avec les projets que nos parens avaient sur nous.

*Césarine remonte le théâtre et vient se placer entre M. de Miremont et Oscar.

**Bernardet; M. de Miremont, assis; Césarine, Oscar; Zoé, assise sur un fauteuil à droite.

OSCAR.

Ça c'est vrai.

M. DE MIREMONT, un peu inquiet.

Quoi donc?

CÉSARINE.

Entre cousin et cousine, c'est toujours ainsi... des idées de mariage!!! Ces idées-là passent, mais l'amitié reste, le sentiment ne vieillit pas; et plus tard, quand on se retrouve... c'est une si douce chose d'être utile à l'ami de son enfance, de contribuer à son avancement... Vous le savez, monsieur, c'est mon unique pensée.

BERNARDET, à part, avec étonnement.

Qu'est-ce qu'elle a donc?

CÉSARINE.

Il n'y a pas de jour que je ne vous parle de lui!

M. DE MIREMONT, d'un air soupçonneux.

En effet

OSCAR.

Que de bontés!

CÉSARINE.

Ce matin encore tout le bien que je vous en ai dit...

OSCAR, à Zoé.

Cette chère Césarine!...

M. DE MIREMONT, avec une jalousie plus marquée.

C'est vrai; vous y avez mis un redoublement de zèle et de chaleur.

CÉSARINE.

Et savez-vous pourquoi?... c'est une folie.... un enfantillage... j'avais rêvé... (d'un air tendre.) oui, Oscar, j'avais rêvé de vous... rêvé que mes soins étaient inutiles...qu'un autre l'emportait... que vous n'étiez pas nommé...j'étais désespérée... cela me faisait un chagrin que je ne puis vous rendre.

BERNARDET, à M. de Miremont, et cherchant à changer la conversation.

Je crois que voici l'heure.

M. DE MIREMONT, se levant avec humeur.

Laissez-moi donc!

CÉSARINE.

Mais, grâce au ciel! mes pressentiments ne se réaliseront pas.

M. DE MIREMONT, d'un air préoccupé.

Peut-être bien!

CÉSARINE.

Non, monsieur! vous voulez en vain m'effrayer... nous avons déjà un premier succès, et, grâce à vous, nous allons en avoir un second!... vous me le promettez!... vous ne négligerez rien pour cela, n'est-il pas vrai?... Tous ces gens-là dépendent de vous, et en leur parlant d'Oscar avec entraînement, avec chaleur, ils verront l'importance que vous y attachez; ils verront que vous vous y intéressez autant que moi!

LE DOMESTIQUE, entrant.

Les chevaux sont mis.

CÉSARINE, tendrement.

Adieu, Oscar. (A M. de Miremont.) Allez, mon ami... partez vite !

M. DE MIREMONT.

Non, madame, je n'irai pas !

CÉSARINE, affectant une grande surprise.

O ciel ! et pourquoi donc ?

M. DE MIREMONT.

Pourquoi ?... vous me le demandez ?

CÉSARINE, naïvement.

Eh ! oui, sans doute !

M. DE MIREMONT, avec une colère concentrée.

J'y vois plus clair que vous ne croyez !... On se trahit souvent sans le vouloir, madame...!

CÉSARINE, feignant l'étonnement.

Qu'y a-t-il ? que voulez-vous dire ?

M. DE MIREMONT, de même et à demi-voix.

Il est des choses que l'on voudrait en vain me cacher... il me suffit à moi d'un mot, d'un regard pour tout découvrir !

CÉSARINE, jouant l'indignation.

Qu'est-ce que cela signifie ?... quelles pensées pouvez-vous avoir ?... Je vous prie de vous expliquer !

M. DE MIREMONT, à voix basse et avec colère.

Non, madame, je ne dirai rien... mais j'examinerai désormais ! j'observerai ! et si j'ai deviné juste... tremblez ! (Au domestique.) Que l'on dételle... je resterai.

CÉSARINE, serrant la main de Zoé et à demi-voix.

J'ai gagné !

ZOÉ, la regardant d'un air de raillerie et de triomphe.

C'est vrai !

M. DE MIREMONT, à Oscar, qui remonte près de lui*.

Je ne vous empêche pas d'aller à Saint-Denis ; mais ne comptez plus sur moi, monsieur... (A Césarine qui passe près de lui**.) Adieu, madame.

(Il rentre par la porte à droite.)

SCÈNE VII.

BERNARDET, CÉSARINE, OSCAR, ZOÉ.

BERNARDET.

Je ne peux pas en revenir !

OSCAR.

Ni moi non plus... et j'étais loin de me douter... Comment, ma cousine, il serait vrai !...

CÉSARINE, fièrement.

Vous perdez la tête !

OSCAR.

Il y aurait de quoi... un bonheur pareil...

CÉSARINE, avec hauteur.

En quoi donc ?

OSCAR.

Cet appui... cette protection... (A Zoé, montrant Césarine.) Son mari qui est en fureur...

* Bernardet, M. de Miremont, Oscar, Césarine, Zoé.
** Bernardet, M. de Miremont, Césarine, Oscar, Zoé.

CÉSARINE.

Il n'y a qu'un moyen de tout réparer...

OSCAR.

Oui, ma cousine.

CÉSARINE, rapidement.

Courez seul à l'assemblée.

OSCAR, de même.

Oui, ma cousine.

CÉSARINE.

Montrez-vous... que les électeurs vous voient.

OSCAR.

Oui, ma cousine.

CÉSARINE.

Parlez beaucoup... parlez à tout le monde.

OSCAR.

Oui, ma cousine.

BERNARDET, vivement, et voulant l'arrêter.

Un instant.

CÉSARINE, lui prenant la main.

Silence, docteur... (Se tournant vers Oscar.) Allez donc, monsieur, vous devriez déjà être parti.

OSCAR.

Je m'en vas !... comptez sur moi.

(Il sort en courant.)

SCÈNE VIII.

BERNARDET, CÉSARINE, ZOÉ.

BERNARDET.

Mais... s'il parle... il est perdu !...

CÉSARINE.

J'y compte bien ! (Regardant Zoé.) C'est un homme fini !

ZOÉ.

Je le crois comme vous.

BERNARDET.

Et moi je n'y comprends rien ! Vous, madame, si fine et si adroite... qui avez tant de tact et de convenances, laisser voir aussi clairement à votre mari l'intérêt que vous portez à votre cousin ?... c'est d'une imprudence, d'une gaucherie...

CÉSARINE.

Vous croyez !... (Riant d'un air dédaigneux.) Vous êtes pourtant docteur en médecine.

BERNARDET.

Oui, madame.

CÉSARINE, de même.

Vous venez d'être nommé professeur...

BERNARDET.

Graces à vous !...

CÉSARINE.

Je vais presque m'en repentir, car vous n'en savez pas long !

BERNARDET, piqué.

C'est possible !... mais je sais que c'est perdre ce jeune homme... c'est l'empêcher d'être nommé...

CÉSARINE.

Et... si telle était mon intention?...

BERNARDET, vivement.

Hein !... qu'est-ce que c'est?... Un change- ment de front... un changement de manœu- vres?...

ZOÉ.

Eh oui !

CÉSARINE.

Vous l'avez dit.

BERNARDET.

Quelque habitué que j'y sois avec vous... en- core faut-il prévenir les gens...

CÉSARINE.

C'est ce que je vais faire... Écoutez-moi, docteur. J'ai quelque pouvoir... quelque cré- dit...

BERNARDET.

Vous avez fait de moi un professeur.

CÉSARINE.

Je peux peut-être plus encore ici... dans cette maison... où j'ai quelque influence... et où vous, docteur, vous avez des vues que j'ai cru deviner...

BERNARDET.

Que voulez-vous dire?

CÉSARINE.

La faculté ne déteste pas les belles dots... et soigne de prédilection les riches héritières...

ZOÉ.

Il est donc vrai !...

BERNARDET.

Vous pourriez croire...

CÉSARINE, vivement.

Que ce soient ou non vos idées, je ne les blâme pas... je ne m'y oppose pas... c'est beaucoup ! Peut-être même leur serai-je fa- vorable... cela dépend de vous... et d'une condition...

BERNARDET.

Laquelle ?

CÉSARINE.

C'est qu'aujourd'hui Edmond de Varennes sera nommé député.

ZOÉ, avec joie.

Bien, cela !

BERNARDET.

Et comment ferais-je?

CÉSARINE.

Cela vous regarde ! je ne m'occupe pas des détails ; voyez nos amis, nos camarades; qu'ils agissent.

BERNARDET.

Moi qui ai recommandé Oscar à leur amitié.

CÉSARINE.

Vous leur recommanderez l'autre.

BERNARDET.

Mais nous l'abhorrons tous... nous le détes- tons.

CÉSARINE.

Qu'est-ce que cela fait? entre amis, entre

camarades, il ne s'agit pas de faire du sentiment ni des phrases... il s'agit d'arriver.

BERNARDET.

C'est juste! j'y cours ! (Revenant et se plaçant entre les deux femmes *.) Mais le ministre à qui vous-même aviez déjà parlé en faveur d'Oscar.

CÉSARINE.

A peine m'a-t-il écoutée, préoccupé qu'il était des quatre voix qui lui manquent, et qu'il lui faut à tout prix. Ah ! si nous les avions, le mi- nistre serait à nous, il nous seconderait ; por- terait notre candidat, la nomination serait sûre.

ZOÉ.

Oui, mais comment avoir ces quatre voix? on a tant de peine à en avoir une !

CÉSARINE.

Tout le monde se les arrache.

BERNARDET.

Souvent la même sert à deux ou trois minis- tères successifs.

CÉSARINE, vivement.

Je les aurai ! je les aurai ! j'en réponds !

(Elle se met à la table et écrit.)

ZOÉ, passant près d'elle **.

Quel génie ! quel talent ! c'est admirable !

BERNARDET, la regardant écrire.

Une tête bien organisée...

CÉSARINE, écrivant.

Ces deux mots au ministre! « Je vous pro- « mets ce matin ce que vous desirez, et plus « encore; en récompense, je vous supplie de « porter, ce soir, comme candidat ministériel, « un homme que vingt fois je vous ai entendu « vanter vous-même... le jeune Edmond de Va- « rennes. »

(Elle cachette sa lettre, et se lève.)

ZOÉ, à part.

Rien qu'en la regardant quels progrès on peut faire !

CÉSARINE ***.

Tenez, docteur !

BERNARDET.

Mais ces quatre voix ?

CÉSARINE.

Je vous répète que d'ici à deux heures nous les aurons; mon plan est là : dites seulement à tous nos camarades qui se chargeront de le ré- pandre, et dites vous-même par-tout où vous irez, que mon mari, M. de Miremont, est ma- lade, très malade.

BERNARDET.

Moi! son médecin !

CÉSARINE.

Vous n'en aurez que plus de mérite dans deux ou trois jours, quand il se portera bien, quand il sera guéri, grace à vous.

* Césarine, Bernardet, Zoé.
** Césarine, Zoé, Bernardet.
*** Zoé, Césarine, Bernardet.

BERNARDET.

C'est juste! une cure merveilleuse que nous ferons mousser par nos amis, et dans la *Gazette Médicale*... (Il va pour sortir, et vient se placer entre les deux femmes *.) mais je voudrais savoir...

CÉSARINE.

C'est inutile... faites toujours!

BERNARDET.

Je ne comprends pas.

ZOÉ.

Ni moi non plus...... mais qu'importe? faites ce qu'elle vous dit.

CÉSARINE.

Et vous, Zoé, de la discrétion! Pour vous comme pour tout le monde, mon mari est malade.

ZOÉ.

Il ne passera pas la journée.

BERNARDET.

Et si on le voit!

CÉSARINE.

Il ne sortira pas! il gardera la chambre!

BERNARDET.

Qui l'y décidera?

CÉSARINE.

Moi.

BERNARDET.

Qui l'y retiendra?

CÉSARINE.

Moi.

* Zoé, Bernardet, Césarine.

ZOÉ.

Elle!... on vous dit... elle se charge de tout.

CÉSARINE.

Cette lettre au ministre... il ne sera pas à son hôtel, c'est l'heure de la chambre.

BERNARDET.

J'y cours..... je l'y trouverai; et dans les bureaux, dans les couloirs, dans la salle des conférences...

CÉSARINE.

Vous répandrez la nouvelle.

BERNARDET.

C'est dit. (Fausse sortie et revenant.) Le mot d'ordre à nos camarades... des articles dans les journaux du soir... des annonces dans les salons... Ah! de la paille dans la rue, sous les fenêtres de l'hôtel... et la permission du préfet de police... je la demanderai après.

CÉSARINE, bas à Zoé.

Vous le voyez! le voilà lancé... il obéit à l'impulsion.

ZOÉ, à part, regardant Césarine.

Et elle, à la mienne.

CÉSARINE, à Bernardet qui part.

Adieu!... adieu! Vous, Zoé, suivez-moi.

ZOÉ.

Oui, madame. (A part.) Edmond sera député!

(Bernardet sort par le fond, Césarine et Zoé par la porte à droite.)

ACTE QUATRIÈME.

Le cabinet-bibliothéque de M. de Miremont; porte au fond; deux latérales; à droite, une cheminée; à gauche, une table et un métier à tapisserie.

SCÈNE I.

CÉSARINE; M. DE MIREMONT, assis à gauche, en robe de chambre, dans un fauteuil; CÉSARINE, debout, près de lui, reprenant une tasse où il vient de boire.

M. DE MIREMONT.

Et tu es bien sûre, ma chère amie, que ce procès politique s'ouvrira à la chambre des pairs la semaine prochaine?...

CÉSARINE.

Personne ne le sait encore; mais la femme du ministre me l'a confié à moi en secret; et vous qui n'êtes pas déja bien portant... vous n'auriez qu'à tomber sérieusement malade au moment de l'ouverture... cela produirait le plus mauvais effet.

M. DE MIREMONT.

C'est vrai!

CÉSARINE.

Tandis qu'en vous soignant huit ou dix jours

d'avance, ce ne sera rien, ou si cela devient plus grave, ce n'est pas votre faute... On sait depuis long-temps que vous êtes indisposé.

M. DE MIREMONT.

C'est juste... je ne pouvais pas prévoir.

CÉSARINE.

Mais pour cela il ne faut pas commettre d'imprudences; il faut rester chez soi bien chaudement, ne voir personne.

M. DE MIREMONT.

Oui, ma chère.

CÉSARINE.

Et sur-tout ne pas sortir, comme vous vouliez le faire tout-à-l'heure.

M. DE MIREMONT.

Sois donc tranquille... une fois que j'ai pris un parti... tu sais que j'y tiens... Et qu'est-ce que j'ai? qu'est-ce que dit le docteur?

CÉSARINE.

Il dit que c'est une grande irritation de poitrine.

M. DE MIREMONT, essayant de tousser.

C'est vrai ! je me sens là une chaleur...

CÉSARINE.

Qui n'est rien en apparence, mais qui peut devenir très grave, si vous continuez à suivre vos travaux parlementaires. Vous avez voulu aller hier à la chambre malgré mes avis...

M. DE MIREMONT.

Je n'y ai pas parlé.

CÉSARINE.

Qu'importe ?

M. DE MIREMONT.

Il est vrai que j'ai écouté avec beaucoup d'action.

CÉSARINE.

Vous voyez bien !

M. DE MIREMONT.

Voilà ce qui nous fait mal... voilà ce qui nous tue, nous autres hommes de tribune... surtout ces maudits procès... J'aime mieux vingt discussions comme celle d'hier, quelque fatigantes qu'elles soient, que ces débats où, bon gré, mal gré, on est obligé de se prononcer...

CÉSARINE.

Restez chez vous, cela vaut mieux.

M. DE MIREMONT.

D'autant que ça n'empêche pas d'avoir son avis.

CÉSARINE.

Mais on ne le dit pas.

M. DE MIREMONT.

Voilà tout... on y met de la discrétion.

CÉSARINE.

Et puis, que vous le vouliez ou non, c'est convenu, vous m'avez promis de rester.

M. DE MIREMONT.

Eh ! qu'est-ce que je fais donc ?... Toi, de ton côté, tu m'as promis de ne plus me parler d'Oscar.

CÉSARINE.

Je vous le jure encore !

M. DE MIREMONT.

De ne plus t'intéresser à lui !

CÉSARINE.

Dès que cela vous déplaît... et quelque injustes que soient vos soupçons... mon devoir est d'y faire droit... je ne vous dirai plus un mot en sa faveur... et même si vous voulez que je cesse de le voir... parlez.

M. DE MIREMONT.

C'est trop, mille fois... et je n'en veux pas tant... mais puisque tu es dans ton jour de générosité... j'aurais une autre grace à te demander.

CÉSARINE.

Et laquelle ?

M. DE MIREMONT.

Il est un nom que par hasard tu as prononcé tout-à-l'heure. et sans le vouloir tu m'as

rappelé que j'avais dû autrefois ma fortune et ma vie à M. de Varennes le père, mon ancien ami, ce qui ne nous a pas empêchés depuis long-temps de négliger beaucoup son fils, M. Edmond, que j'aime infiniment et que tu ne peux pas souffrir.

CÉSARINE.

C'est vrai ! je ne dis pas qu'il n'ait beaucoup de talent et de mérite... et vous qui parliez tout-à-l'heure de député... je conviendrai avec vous qu'il a autant et plus de droits qu'un autre ; mais que voulez-vous, c'est une antipathie que je ne peux vaincre.

M. DE MIREMONT.

Eh bien ! je te demande d'essayer, pour moi, pour me faire plaisir.

CÉSARINE.

A coup sûr, ce n'est pas aujourd'hui, et dans l'état où vous êtes, que je voudrais vous contrarier. Mais pourtant... qui vient là ?

SCÈNE II.

CÉSARINE, M. DE MIREMONT, ZOÉ.

ZOÉ.

Moi, qui viens savoir des nouvelles du malade. Comment va-t-il ?

M. DE MIREMONT.

Pas bien, pas bien du tout.

CÉSARINE.

Et excepté vous, ma chère Zoé, la porte était défendue à tout le monde.

M. DE MIREMONT.

Je vous demanderai même la permission de rentrer dans mon appartement, car je me sens très faible.

UN DOMESTIQUE, entrant et annonçant.

Monsieur Oscar Rigaut.

M. DE MIREMONT, se levant avec force.

Oscar !... Ce nom-là seul m'irrite tout le système nerveux.

CÉSARINE, à demi-voix.

Calmez-vous...

LE DOMESTIQUE.

Il demande à voir monsieur.

CÉSARINE.

Monsieur n'est pas visible.

LE DOMESTIQUE.

Il voudrait alors parler à madame.

CÉSARINE.

Dites-lui que madame ne reçoit pas. (Le domestique sort, et Césarine dit à M. de Miremont :) Êtes-vous content ?

M. DE MIREMONT.

Tu es un ange ! et pour qu'aujourd'hui tu le sois jusqu'au bout, allons, promets-moi de te réconcilier avec Edmond.

ZOÉ, étonnée.

Comment ?

CÉSARINE, à M. de Miremont, et baissant les yeux.

Vous l'exigez, je le promets.

M. DE MIREMONT, lui baisant la main.

Ma chère Césarine! (A Zoé, en s'en allant :)
Elle fait tout ce que je veux.

(Il sort par la porte de droite.)

SCÈNE III.
ZOÉ, CÉSARINE.

ZOÉ, faisant à Césarine une grande révérence.

Gloire à vous, madame! mais c'est décou-
rageant ; j'aurai beau faire, je n'arriverai jamais à une perfection pareille.

CÉSARINE.

Peut-être, Zoé; vous avez des dispositions,
et avec quelques leçons...

ZOÉ.

Oh! bien volontiers; je ne demande qu'à
étudier, mais j'ai besoin, comme aux échecs,
qu'on m'explique les grands coups. Et d'abord
cette maladie improvisée, à quoi bon ?

CÉSARINE.

Quoi! vous ne devinez pas un peu?

ZOÉ.

Nullement.

CÉSARINE, s'asseyant devant un métier à tapisserie.

Vous avez raison; vous n'êtes pas encore bien
forte.

ZOÉ, s'asseyant aussi.

Cela viendra peut-être.

CÉSARINE, entendant parler en dehors.

C'est le docteur.

SCÈNE IV.
ZOÉ, CÉSARINE, BERNARDET.

BERNARDET, à la cantonade.

Oui, messieurs; on trouvera chez le concierge
les bulletins d'heure en heure... (D'un air sombre.)
Pardon, si dans l'inquiétude où je suis je ne vous
en dis pas davantage : on m'attend pour une con-
sultation. (Apercevant les deux dames.) Ah! vous
voilà.

CÉSARINE, toujours assise à son métier.

Comment cela va-t-il?

BERNARDET, gaîment.

Cela prend la meilleure tournure. C'est étonnant avec quel bonheur les mauvaises nouvelles
se répandent!

CÉSARINE.

Et le ministre?

BERNARDET.

Il a votre lettre. De là je suis passé dans la
salle de conférences, où d'un air sombre j'ai
fait circuler l'événement; et un instant après je
ne pouvais suffire à la foule des questionneurs;
je n'ai répondu que par une physionomie sinistre
et par un silence qui laissait bien peu d'espoir...

Aussi, quand le ministre a paru, chacun, persuadé de la nécessité de se hâter, a couru à lui,
et tout le monde, avant la séance, avait deux
mots à lui dire en particulier; c'est tout naturel.
Il faut maintenant s'inscrire d'avance pour avoir
une place. Or, comme votre mari en a huit à
lui tout seul, vous jugez des demandeurs et des
amis que cela fait au ministère. Peut-on refuser
son vote à des gens qui vont avoir huit places à
leur disposition? C'est impossible; et au lieu de
quatre voix il paraît qu'ils en auront vingt-cinq.

CÉSARINE, avec joie.

A merveille

ZOÉ.

Je devine, enfin.

CÉSARINE.

C'est bien heureux!

BERNARDET.

La loi va passer séance tenante à une majorité très agréable, grace à la mauvaise nouvelle
qui a produit un effet de revirement, non-seu-
lement sur la chambre, mais encore sur nos camarades, à qui je n'avais pas dit le mot de
l'énigme, pour que les rôles se jouassent avec
plus de naturel.

CÉSARINE.

C'était bien.

BERNARDET.

Et voilà que d'eux-mêmes, franchement et de
bonne foi, ils tournent le dos à Oscar, le croyant
déjà privé de son seul appui et de son seul mérite, son cousin le pair de France. Aussi je n'ai
pas eu grand'peine à faire faire volte-face à leur
amitié, et à la diriger dans le sens que vous
désiriez.

ZOÉ.

Bravo!

BERNARDET, à Zoé.

Mais celui à qui je n'avais pas pensé, c'est votre
mari; vous ne l'aviez donc pas prévenu?

ZOÉ.

Non, vraiment, je n'ai rien dit à personne; je
vous l'avais promis.

BERNARDET.

Il s'est déjà mis en course pour remplacer
M. de Miremont à l'Académie des sciences mo-
rale et politiques; je l'ai rencontré chez un de
mes clients, à qui il allait demander sa voix; il y
avait là tant de monde que je n'ai pas pu le
détromper, et il est remonté en cabriolet pour
continuer ses visites.

ZOÉ.

Ah! mon Dieu!

BERNARDET.

Il n'y a pas de mal; cela servira pour la prochaine place vacante, quelle qu'elle soit; on les
demande maintenant aux personnes elles-
mêmes, et de leur vivant; plus tard il n'est plus
temps; mais à présent que je vous ai servi je demande à comprendre et à connaître la cause de
la contre-révolution que je viens d'opérer.

CÉSARINE.

Laquelle?

BERNARDET.

Le changement en faveur d'Edmond, notre ennemi à tous?

CÉSARINE.

Je vous le dirai.

BERNARDET.

Il est essentiel que je le sache.

ZOÉ.

A quoi bon? Lui-même l'ignore.

CÉSARINE, à Bernardet.

C'est vrai; il est même nécessaire que je le voie.

ZOÉ, à part.

J'espère bien que ce ne sera pas aujourd'hui.

SCÈNE V.

ZOÉ, CÉSARINE; AGATHE, et UN DOMESTIQUE qui entre après elle; BERNARDET.

AGATHE.

M. Edmond vient demander des nouvelles de mon père.

CÉSARINE ET ZOÉ.

Edmond?

AGATHE, à Bernardet.

Que faut-il lui répondre?

ZOÉ, vivement, et passant près d'Agathe.

Que monsieur le comte n'est pas visible et qu'on ne reçoit pas...

CÉSARINE.

Les étrangers ou les indifférents; mais les amis de mon mari, les anciens amis de la maison...

AGATHE, étonnée, et bas à Zoé.

Qu'est-ce que cela veut dire?

CÉSARINE, d'un air aimable.

Qu'il entre; nous serons charmés de le voir... et puis nous avons à lui parler.

AGATHE, bas à Zoé.

Je n'en reviens pas!

ZOÉ, de même.

Tout est changé, mais je tremble.

AGATHE.

Pourquoi donc?

ZOÉ.

Silence!

(Agathe remonte la scène après l'entrée d'Edmond et va se placer à l'extrême gauche.)

SCÈNE VI.

AGATHE, CÉSARINE, EDMOND, ZOÉ, BERNARDET.

(Césarine s'assied au milieu du théâtre, devant un métier à tapisserie; Agathe est assise à gauche, et brode; Zoé, près de la table à droite, fait du filet; Bernardet, debout, le dos à la cheminée. Edmond salue les deux dames.)

EDMOND, à Césarine, d'un air froid.

C'est bien indiscret, sans doute, de me pré-

'Césarine; le domestique, au fond; Zoé, Agathe, Bernardet.

senter ainsi chez vous, madame. La nouvelle que je viens d'apprendre me servira d'excuse. Est-il vrai que M. de Miremont soit aussi mal qu'on le dit?

CÉSARINE.

Mais il n'est pas bien; voici monsieur Bernardet qui le soigne...

EDMOND, saluant à peine Bernardet, et se tournant du côté de Zoé.

Elle me fait trembler!

CÉSARINE.

Et nous ne sommes pas sans espérances pour une santé qui ainsi que nous vous intéresse...

EDMOND.

Plus que je ne peux vous dire, madame. M. de Miremont fut l'ami de mon père, il fut le mien, et s'il a cessé de l'être, il ne m'est pas venu un seul instant l'idée de l'en accuser.

CÉSARINE.

Et qui donc, monsieur, en accuseriez-vous?

EDMOND.

Ne me le demandez pas, madame, car je suis la franchise même, et je vous le dirais.

CÉSARINE, souriant.

Peut-être vous tromperiez-vous?

EDMOND, avec colère.

Eh! madame!

ZOÉ, à part.

L'imprudent!

EDMOND.

Pardon! j'oubliais que je suis chez vous.

(Césarine, d'un air aimable, fait signe à Edmond de s'asseoir; celui-ci va chercher une chaise au fond du théâtre et vient s'asseoir entre Césarine et Zoé. Tout cela s'exécute pendant l'aparté qui suit.)

BERNARDET, près de Zoé.

Diable m'emporte si je sais pourquoi elle le protège! car il n'est pas aimable. (A demi-voix.) Et à moins qu'il n'y ait de l'amour sous jeu...

ZOÉ, de même.

Peut-être bien.

BERNARDET.

C'est différent, tout s'explique.

CÉSARINE, toujours à travailler.

Ainsi, monsieur Edmond, et d'après votre aveu, vous venez ici exprès pour me chercher querelle; c'est bien.

EDMOND.

Non, madame; je ne croyais pas, je l'avoue, avoir le plaisir de vous rencontrer...

CÉSARINE.

Ce qui veut dire que ce n'est pas pour moi que vous veniez.

EDMOND.

Je m'en accuse, madame.

ZOÉ, à part.

Maladroit!

EDMOND.

J'ignore pour quelle raison madame de Montlucar m'avait écrit de venir la trouver ici.

CÉSARINE.

Ah! Zoé vous avait écrit... d'elle-même... sans m'en prévenir.

ZOÉ, vivement.

Oui, madame.

CÉSARINE, à part, avec satisfaction.

C'est bien; c'est de l'intelligence.

EDMOND.

J'ai pensé que mademoiselle Agathe avait quelques ordres à me donner.

AGATHE.

Moi! monsieur?

ZOÉ, laissant tomber à terre son peloton.

Aye! ma soie!

(Edmond se baisse pour ramasser le peloton, qu'il lui rend.)

ZOÉ, à demi-voix, et rapidement.

Ne parlez pas à Agathe, ne la regardez pas tant que sa belle-mère sera là.

EDMOND, de même.

Pourquoi?

ZOÉ, de même.

Parceque!!

CÉSARINE, toujours occupée à travailler.

On assure, monsieur de Varennes, que vous vous mettez sur les rangs pour la députation de Saint-Denis.

EDMOND.

J'y ai renoncé, madame.

CÉSARINE.

Et pourquoi donc? vous auriez des amis...

EDMOND.

J'en doute; je n'en connais pas un qui voulût me servir.

CÉSARINE.

Pas un?... voilà de l'exagération.

EDMOND.

En effet, je me trompais... Il m'en est arrivé un que je ne connais pas, et que je n'ai vu qu'une fois en ma vie... hier, à un déjeuner chez M. Oscar... C'est, je crois, M. Dutillet qu'on le nomme... un libraire...

BERNARDET, bas à Zoé.

Un des nôtres que j'ai prévenu.

EDMOND.

Je le rencontre tout-à-l'heure dans la rue; il vient à moi et me tend la main. « Quand j'ai des torts, me dit-il, je les reconnais. Je sais maintenant que de tous les candidats c'est vous qui avez le plus de titres, et vous aurez ma voix; car j'ai été éclairé sur votre compte par un ami. » Et cet ami, quel est-il?

BERNARDET, s'avançant avec noblesse*.

C'est moi, monsieur.

EDMOND, se levant.

Vous!

BERNARDET.

Oui, jeune homme, j'ai parlé en votre faveur!

* Agathe et Césarine, assises; Edmond et Bernardet, debout; Zoé, assise.

EDMOND.

Après ce qui s'est passé entre nous!

BERNARDET.

Cela n'y fait rien! je ne vous aime pas, je suis trop franc pour dire le contraire... je ne vous aime pas.... mais je vous estime. (Montrant Césarine et Zoé.) Ces deux dames vous diront que tout-à-l'heure encore je faisais votre éloge!

CÉSARINE et ZOÉ.

C'est vrai.

AGATHE, étonnée.

Est-il possible?

EDMOND.

Moi qui vous ai offensé!

BERNARDET.

Cela vous prouvera que si je cherche à m'avancer dans le monde, parceque chacun pour soi et Dieu pour tous, comme dit le proverbe, cela ne m'empêche pas du moins de rendre justice au mérite quand par hasard il se rencontre... Oui, monsieur, je vais de ce pas parler pour vous à tous nos amis, à tous les électeurs que je connais!... et pour cela je ne vous demande rien, pas même de la reconnaissance... Adieu, mesdames.

(Il sort.)

SCÈNE VII.

AGATHE et CÉSARINE, assises; EDMOND, debout; ZOÉ, assise.

EDMOND.

Ah! le galant homme, et que j'ai été injuste envers lui!

CÉSARINE, toujours travaillant.

Il n'est pas le seul!... et il en est plus d'un autre encore que vous avez méconnu et outragé.

EDMOND.

Que voulez-vous dire?

CÉSARINE.

Que vous envisagez toujours les choses du mauvais côté, que vous voyez tout en noir, que votre caractère sombre et misanthrope vous montre par-tout des pièges, par-tout des ennemis.

ZOÉ.

C'est assez juste!

EDMOND.

Avais-je tort, quand jusqu'ici tout semblait se réunir pour m'accabler, lorsqu'au Palais, dans le monde, dans les journaux...

ZOÉ, lisant un journal qu'elle vient de prendre sur la table.

« Un grand nombre d'électeurs de l'arrondissement de Saint-Denis paraissent réunir leurs suffrages sur l'honorable M. Edmond de Varennes. Si un talent éprouvé, si un caractère irréprochable, si le plus ardent patriotisme

« sont des titres que le pays demande dans un
« député, on peut assurer d'avance que l'una-
« nimité des votes est acquise à M. de Va-
« rennes... »

EDMOND.

Est-il possible? ce journal qui a toujours dit
du mal de moi!

ZOÉ, lisant.

« Tout le monde connaît, tout le monde a
« admiré son magnifique plaidoyer dans l'af-
« faire de Miremont... où brillent au plus haut
« degré l'érudition, la chaleur, l'éloquence »,
et cætera, et cætera. Suivent deux colonnes
d'éloges que j'épargne à votre modestie.

AGATHE.

On lui rend donc justice!

EDMOND, stupéfait.

Lui qui hier encore disait précisément le
contraire!... Qu'est-ce que cela signifie?

CÉSARINE, travaillant.

Que les jours se suivent et ne se ressemblent
pas.

AGATHE, de même.

Que tôt ou tard on reconnaît le vrai mérite.

ZOÉ, de même.

Qu'ainsi l'on a grand tort de perdre courage.

CÉSARINE.

D'abandonner la partie.

ZOÉ.

Et surtout de vouloir se tuer.

EDMOND, à Zoé.

Taisez-vous donc!

ZOÉ.

Non, monsieur, non; je le dirai tout haut.
C'est indigne de se défier ainsi du ciel et de ses
amis *.

EDMOND.

Je ne puis en revenir encore... Est-ce un
rêve? Moi qui me croyais abandonné de tous,
qui désespérais de moi-même!

AGATHE, se levant.

C'était là le mal!

EDMOND.

Et votre père... M. de Miremont...

CÉSARINE, se levant.

Vous est tout dévoué; il parlera, il écrira en
votre faveur, et si sa santé le lui permettait, il
sortirait pour vous présenter lui-même aux
électeurs.

EDMOND.

O ciel! qui donc a dissipé ses préventions,
qui a daigné plaider ma cause auprès de lui?
(Regardant Agathe.) Ah! je devine.

ZOÉ, vivement et passant près de Césarine **.

Une personne que vous accusiez!... sa femme!

* Zoé se lève, traverse le théâtre, et va se placer près
d'Agathe, à l'extrême gauche : Zoé, Agathe, Césarine,
Edmond.

** Agathe, Zoé, Césarine, Edmond.

EDMOND.

Sa femme!

ZOÉ.

Oui, monsieur, j'en suis témoin; c'est madame dont l'appui généreux...

CÉSARINE.

J'avais à me venger de vous, monsieur; je l'ai
fait.

AGATHE, bas.

Je ne la reconnais plus!

ZOÉ, de même.

Quand je me mêle de quelque chose...

CÉSARINE.

Je suis seulement fâchée que l'indiscrétion
de Zoé vous ait appris une démarche que vous
deviez toujours ignorer. Je sais la manière
dont je vous juge...

EDMOND.

Il est vrai que jusqu'ici.... j'en conviens... je
n'ai point caché auprès de certains amis...

ZOÉ.

Auprès de moi.

EDMOND.

Ma façon de penser, et j'ai eu tort. C'est avec
vous, madame, la loyauté m'en faisait un
devoir, c'est avec vous que j'aurais dû m'expliquer.

ZOÉ, effrayée.

Y pensez-vous?

CÉSARINE.

Pourquoi donc? ce que j'estime le plus au
monde, c'est la franchise.

EDMOND, vivement.

Et je vous dirai tout, madame; vous con-
naîtrez la vérité.

ZOÉ, à part.

Il me fait trembler!

CÉSARINE.

Parlez. (On entend plusieurs coups de sonnette.)
C'est chez mon mari.

ZOÉ, vivement.

Il peut recevoir; et si monsieur Edmond veut
se présenter...

CÉSARINE.

Un instant! Voyez, je vous prie, ma chère
Agathe, ce que veut votre père; car j'ai besoin,
pour cette élection, de m'entendre un instant
avec monsieur Edmond.

AGATHE, gaîment.

Oh! volontiers; je vous laisse. (Bas à Edmond.)
Faites, monsieur, tout ce qu'on vous dira;
moi de mon côté, je vais parler de vous à mon
père. (A part.) Je n'y comprends rien; mais tout
va bien.

(Elle sort par la porte à droite.)

SCÈNE VIII.

ZOÉ, CÉSARINE, EDMOND.

ZOÉ, à part.

Imprudente! elle s'en va! Ne les quittons pas, ou tout est perdu.

(Elle va s'asseoir près de la table et reprend son ouvrage.)

CÉSARINE, se retournant et apercevant Zoé.

Comment, elle travaille! moi qui lui supposais de l'esprit! (Après un instant de silence, voyant Zoé qui travaille toujours sans lever les yeux.) Ma chère Zoé...

ZOÉ.

Madame...

CÉSARINE, à demi-voix.

Il faut absolument que je lui parle sur cette députation et les chances qu'il peut avoir...

ZOÉ.

Vous avez raison; parlons-lui.

CÉSARINE.

Cela va bien vous ennuyer!

ZOÉ.

Du tout; je n'ai rien à faire.

CÉSARINE, à part.

Elle ne comprend donc pas!

ZOÉ.

Vous m'avez promis des leçons, et j'apprends en vous écoutant.

UN DOMESTIQUE, entrant.

M. de Montlucar.

ZOÉ, à part.

Qu'il soit le bienvenu!

CÉSARINE, à part.

Allons... ce n'est pas assez de la femme, il faut encore le mari. (Avec impatience.) Je n'y suis pas! je ne puis pas recevoir!

LE DOMESTIQUE.

Il ne veut dire qu'un mot à madame.

CÉSARINE, vivement à Zoé.

C'est différent; voyez ce que veut votre mari; demandez-lui...

ZOÉ, interdite.

Moi!...

CÉSARINE.

C'est tout naturel. (Au domestique.) Conduisez madame... Allez, ma chère amie, ne le faites pas attendre; c'est peut-être important.

ZOÉ, troublée.

En vérité, je ne sais si je dois...

CÉSARINE.

Et pourquoi donc?

ZOÉ, montrant Edmond.

Je suis sûre qu'il va vous dire des choses si extravagantes que je ferais mieux de rester... dans votre intérêt...

CÉSARINE.

Ne songez qu'à ceux de votre mari; vous êtes trop bonne. Allez donc... (D'un ton impérieux.) Je vous en prie.

ZOÉ, à part.

Ah! je reviens sur-le-champ!

(Elle sort avec le domestique, et Césarine redescend à droite du théâtre.)

SCÈNE IX.

EDMOND, CÉSARINE.

CÉSARINE, à part.

Ce n'est pas sans peine! elle voulait rester... Les femmes sont si curieuses!

EDMOND.

En vérité, madame, j'ai peine à me persuader ce que je vois et ce que j'entends...

CÉSARINE.

Oui, l'on a de la peine à s'avouer qu'on a été injuste.

EDMOND.

Moi!

CÉSARINE.

Vous m'avez promis de la franchise!

EDMOND.

Et je tiendrai parole, au risque de me perdre... Eh bien! oui, j'étais persuadé que vous étiez mon ennemie, que vous aviez pour moi de l'aversion, de la haine; bien plus, car je n'ai jamais su feindre, il me semblait que vous ne négligiez pas une seule occasion de me nuire.

CÉSARINE.

Je laisse à mes actions le soin de répondre.

EDMOND, avec embarras.

Dans ce moment, il est vrai...

CÉSARINE.

Remettez-vous; je ne veux pas abuser de mes avantages. Parlons d'abord de vous, de vos intérêts... je n'ai que ce moyen-là de me défendre. Cette nomination de député vous tient donc bien au cœur! c'est donc là l'objet de tous vos désirs, de toute votre ambition!

EDMOND.

Non, madame!

CÉSARINE.

Comment, non?

EDMOND.

Vous voyez que j'ai en vous plus de confiance que vous ne pensez; mais votre bonté, votre générosité m'encouragent tellement qu'à présent je croirais vous faire injure en ne vous ouvrant pas mon cœur tout entier.

CÉSARINE.

Et vous avez raison!

EDMOND.

Eh bien! madame... je n'ai pas les idées que l'on me suppose; je désire la considération, non pour elle-même, mais parcequ'elle me rapprocherait d'une personne dont en ce moment je suis trop loin par malheur.

CÉSARINE.

En vérité? c'est là le motif...

EDMOND.

Je n'en ai pas d'autres, je vous le jure. Ce n'est pas l'ambition qui remplit mon cœur, c'est une autre passion que depuis long-temps je voudrais me cacher à moi-même et que je n'ai jamais avouée, pas même à celle qui en était l'objet.

CÉSARINE.

Et pourquoi donc?

EDMOND.

Parceque jusqu'à présent j'étais sans espoir.

CÉSARINE.

Et maintenant vous en avez donc?

EDMOND.

D'aujourd'hui seulement.

CÉSARINE.

Comment cela?

EDMOND.

Ah! je voudrais et n'ose vous le dire!

CÉSARINE.

Pourquoi? Est-ce que je connais la personne?

EDMOND.

Oui, madame, beaucoup.

CÉSARINE, souriant.

En vérité! parlez... si j'ai quelque pouvoir...

EDMOND, vivement.

Un très grand! Vous pouvez beaucoup sur elle... et s'il faut vous l'avouer, vous pouvez tout!

CÉSARINE, jouant l'étonnement.

Que voulez-vous dire?

EDMOND.

Que de vous seule dépend mon bonheur! Un mot de vous et je n'ai plus rien à desirer! Oui, cette amitié que vous m'offrez si généreusement, j'y crois désormais, je l'implore, et si vous me secondez, si vous parlez pour moi, je suis sûr d'obtenir sa main.

CÉSARINE.

Sa main... qui donc?

EDMOND.

Agathe, votre belle-fille.

CÉSARINE.

O ciel!

EDMOND.

Oui, madame.

∞∞∞∞∞∞∞∞∞∞∞∞∞∞∞∞∞∞∞∞∞∞∞∞∞∞∞∞∞∞∞∞∞∞

SCÈNE X.

EDMOND, CÉSARINE; ZOÉ, ouvrant vivement la porte.

ZOÉ.

Qu'est-ce? qu'y a-t-il?

CÉSARINE, à Zoé.

Monsieur, qui me demande la main d'Agathe, ma belle-fille!

ZOÉ.

Mon Dieu!

CÉSARINE, regardant Zoé.

Qu'il aime.... qu'il adore.... depuis long-temps...

EDMOND.

Oui, je n'ai jamais aimé qu'elle!

ZOÉ.

Y pensez-vous?

(Elle veut passer près d'Edmond et Césarine la retient par la main.)

EDMOND, vivement.

Oh! je lui ai tout dit, tout avoué. Elle est si bonne, si généreuse! elle m'a promis son appui.

CÉSARINE.

Certainement; trop heureuse de vous protéger, de vous servir...

(Elle va à la cheminée et sonne vivement.)

ZOÉ.

De vous servir... vous!

EDMOND, à Zoé.

Eh! oui, vraiment.... vous l'entendez!.... je n'ai maintenant que des amis.

CÉSARINE.

Mes chevaux à l'instant! il faut que je sorte!

EDMOND, passant près de Césarine **.

Ah! madame, que de reconnaissance!

CÉSARINE.

Oui, oui, comptez sur moi tous les deux! je vous le promets, je vous le jure. A bientôt, Zoé; nous nous reverrons ***!

EDMOND.

Je cours chez M. de Miremont.

CÉSARINE.

Et moi, chez le ministre... il sera temps encore... je l'espère.

(Elle sort par la porte à gauche.)

EDMOND, entrant chez M. de Miremont à droite.

Ah! je suis sauvé!

ZOÉ, sortant par la porte du fond.

Il est perdu!!!

* Edmond, Zoé, Césarine.
** Zoé, Edmond, Césarine.
*** Césarine, Zoé, Edmond.

ACTE CINQUIÈME.

Même décoration qu'au troisième acte.

SCÈNE I.

CÉSARINE, entrant par le fond et jetant sur un meuble son châle et son chapeau.

Impossible de parvenir jusqu'au ministre... il est à la chambre, où dans ce moment la loi est en discussion.... Sa présence est nécessaire ; il n'a pu sortir ni venir me parler... « Après la séance, » a-t-il dit. Mais il sera trop tard. Tant que cette loi n'a pas passé... il a besoin de moi... il a quelque intérêt à me ménager... quelque avantage à être injuste ; mais après... ce ne sera plus la faveur, c'est le mérite seul qui le décidera, et Edmond l'emportera... Et je me serai laissé jouer à ce point par lui... non par lui... il n'en savait rien... il ne s'en doutait même pas, et c'est plus humiliant encore.... mais par cette petite Zoé... Je me vengerai sur elle... et comment ?... sur son mari ?... ça lui est égal... sur son amant ?... elle n'en a pas !... C'est jouer de malheur !... mais patience... et alors... Mais en attendant la loi va être adoptée..... tous les députés qui veulent des places vont voter pour le ministère..... et c'est mon mari qui en est la cause... c'est la première loi qu'il aura fait passer... et tout cela par cette maudite maladie que j'ai inventée... Si je le guérissais... si je le conduisais à la chambre dans une tribune réservée... bien en face... sa vue paralyserait les votes ministériels... Ah ! le voici !

SCÈNE II.

CÉSARINE, M. DE MIREMONT.

CÉSARINE.

Eh bien ! mon ami, je vois avec plaisir que cela va mieux.

M. DE MIREMONT.

Non, vraiment !

CÉSARINE.

La figure est excellente !

M. DE MIREMONT.

Oui, mais je sens là...

CÉSARINE.

Quoi donc ?

M. DE MIREMONT.

Je ne peux pas dire... et c'est là ce qui m'effraie.

CÉSARINE.

Savez-vous ce qui vous ferait un bien infini... ce serait de sortir un instant... en voiture...

M. DE MIREMONT.

Du tout, je ne veux pas m'exposer au grand air.

CÉSARINE.

Aussi nous irions dans un endroit bien clos, bien fermé... par exemple, à la chambre des députés, où il y a, dit-on, aujourd'hui une séance des plus intéressantes.

M. DE MIREMONT.

Je m'en garderais bien ; le docteur Bernardet m'a défendu de sortir.

CÉSARINE.

Mais, monsieur...

M. DE MIREMONT.

Il me l'a défendu !... C'est très dangereux !

CÉSARINE.

Permettez !...

M. DE MIREMONT.

Vous-même en êtes convenu ! Vous savez que je suis souffrant, et vous me l'avez dit !

CÉSARINE, à part, avec dépit.

Mais c'est qu'il me croit maintenant, et impossible de le dissuader ! Ah ! s'il m'arrive désormais de le rendre malade... j'y regarderai à deux fois !

M. DE MIREMONT, s'asseyant.

Je suis, parbleu ! assez fâché de ne pouvoir sortir... j'aurais été aux élections de Saint-Denis, et je vais me contenter d'écrire aux électeurs les plus influents en faveur de monsieur Edmond qui vient aujourd'hui dîner avec nous.

CÉSARINE.

Comment... il viendra !

M. DE MIREMONT.

C'est vous qui ce matin m'avez conseillé de lui envoyer une invitation... un garçon de mérite qui pourrait bien devenir mon gendre, car ma fille le protége, elle m'en a parlé.

CÉSARINE, cherchant à se modérer.

Agathe ! et c'est elle que vous croyez !

M. DE MIREMONT.

Si elle était la seule.... je ne dis pas ! mais vous aussi, vous-même, malgré votre antipathie, n'avez pu vous empêcher tantôt de lui rendre justice, de me parler en sa faveur !

CÉSARINE, avec embarras.

Moi, je ne m'y connais pas, et j'ai pu me tromper ; tout le monde se trompe.

M. DE MIREMONT.

Mais Bernardet qui s'y connaît, et en qui nous avons tous deux confiance; Bernardet, son ennemi, qui n'a cessé de me le vanter, de me le recommander.

CÉSARINE, à part.

O mon Dieu ! tout tourne contre moi !

M. DE MIREMONT.

Et il est de fait, comme je l'ai dit à ma fille, que s'il est nommé député....

CÉSARINE, *vivement.*

Il ne le sera pas... il ne peut pas l'être.

M. DE MIREMONT.

Et pourquoi pas ! comme tout le monde.

CÉSARINE.

Parcequ'il n'a ni les protecteurs , ni le crédit, ni l'influence nécessaires...

SCÈNE III.

M. DE MIREMONT, EDMOND, CÉSA-
RINE.

EDMOND, *entrant vivement.*

Ah ! madame ! que ne vous dois-je pas ? vous
êtes ma fée protectrice, mon ange gardien ! De
tous les côtés il m'arrive des amis... et ces amis
ce sont les vôtres.

CÉSARINE, à part.

Les sots ! ils se sont tous donné le mot ! il
n'y a rien d'insupportable comme les cabales
et les coteries ; et Bernardet qui ne vient pas...
qui n'est pas là pour les prévenir !

EDMOND.

Ce que je ne conçois pas, c'est qu'ils ont
abandonné Oscar, que j'ai rencontré et qui est
furieux... Ce n'est pas ma faute... il court après
des voix qui de tous côtés lui échappent... il
paraît qu'il a essuyé un échec au second arrondissement.

CÉSARINE, à part.

Le malheureux ! il a parlé !

EDMOND.

Et moi, des gens que je n'ai point sollicités...
à qui je n'ai rien demandé m'offrent leurs ser-
vices.

M. DE MIREMONT.

J'allais écrire pour vous aux principaux
électeurs.

EDMOND.

Est-il possible ! ah ! c'est trop de bontés,
c'est trop de bonheurs ; ils m'arrivent tous à la
fois... sans que je les aie mérités ni que je
puisse les comprendre... et si cela continue
ainsi, je vais presque croire au succès.

CÉSARINE.

Pas encore ! c'est l'appui du ministère qui
peut tout décider... et si le ministère porte un
autre candidat, la lutte est incertaine.

EDMOND, *effrayé.*

Ah ! mon Dieu !

M. DE MIREMONT.

Avez-vous quelque protection de ce côté-là ?

EDMOND.

Eh ! mon Dieu ! non ; mais madame m'avait
promis de parler au ministre.

CÉSARINE.

Oui... mais par malheur, je n'ai pu le voir,
sans cela !...

EDMOND.

Alors rien à espérer, car je ne connais personne dans les bureaux.

SCÈNE IV.

M. DE MIREMONT, BERNARDET, ED-
MOND, CÉSARINE.

BERNARDET.

L'affaire a été chaude ; j'arrive de la Chambre.

CÉSARINE.

Eh bien ?

BERNARDET.

La loi a passé à trente-cinq voix de majorité.

CÉSARINE, à part.

Trente-cinq voix !

M. DE MIREMONT, *d'un air capable.*

Cela vous étonne ! je l'avais toujours prévu,
et je l'annonçais encore hier à mes collègues...
j'avais là-dessus des données certaines ! Mais ce
n'est pas cela dont il s'agit. Vous qui savez tout,
mon cher ami, savez-vous quel candidat le ministère porte aux élections ?

BERNARDET.

Edmond de Varennes.

TOUS.

Est-il possible !

BERNARDET, *passant près de Césarine*.

Vous en verrez probablement la preuve dans
ce billet que le ministre vous envoie.

CÉSARINE.

Donnez donc ! (*Lisant à voix basse.*) « Vous
avez tenu vos promesses et moi les miennes. »
(A part.) Ah ! c'est comme un fait exprès ; on
voudrait l'arrêter maintenant qu'on ne pourrait
plus ! (Haut, à Bernardet.) Qui a apporté ce billet ?

BERNARDET.

Un valet de pied du ministre, qui est encore
là et qui attend votre réponse.

CÉSARINE.

Je vais l'écrire. (A part.) Celle-là du moins
lui parviendra !

(Elle sort par la porte à gauche.)

SCÈNE V.

M. DE MIREMONT, *allant se mettre à la table à*
gauche ; EDMOND, BERNARDET.

BERNARDET, *regardant sortir Césarine et se frottant*
les mains.

A merveille ! Tout ça marche... je suis sûr
d'elle à présent... il faudra bien qu'elle serve
mes amours, comme j'ai servi les siennes....
ainsi portons les derniers coups. (Haut, à Edmond.)
Allons, mon jeune ami, il n'y a pas de temps
à perdre... il faut, comme on dit, battre le
fer pendant qu'il est chaud... Allez aux élections.

EDMOND.

Moi ?

*M. de Miremont , Edmond, Bernardet . Césarine.

BERNARDET.

Certainement. Il ne faut pas rester là pendant que votre sort se décide; il faut vous montrer, il faut être député; nous le voulons, nous y sommes intéressés.

EDMOND.

Monsieur!... un tel dévoûment, une amitié aussi active...

BERNARDET.

Voilà comme je suis!.. En servant mes amis, c'est moi-même que je sers. Partez vite.

EDMOND.

Je n'oserai jamais, seul et inconnu, me présenter ainsi moi-même...

BERNARDET.

C'est juste; il vous faudrait un patronage élevé et honorable.

EDMOND.

Monsieur de Miremont a la bonté d'é rire en ma faveur.

M. DE MIREMONT, à la table.

Je commence la seconde lettre...

BERNARDET.

Ce sera trop long; il est déjà tard, et il vaut bien mieux que monsieur le comte ait la bonté de vous présenter lui-même aux électeurs. Il y a là des percepteurs, des notaires, des fermiers qui lui sont dévoués: l'affaire est sûre.

M. DE MIREMONT, se levant.

Je ne demanderais pas mieux; mais dans l'état de santé où je suis...

EDMOND, vivement.

Vous avez raison; je ne souffrirai pas que pour moi vous vous exposiez à vous rendre plus malade.

BERNARDET.

Laissez donc!...

M. DE MIREMONT.

Vous m'avez expressément défendu de sortir. et je crois, docteur, que vous avez bien fait; car je me sens là des chaleurs et des brûlements affreux.

EDMOND.

Vous l'entendez!...

BERNARDET, à demi-voix, à Edmond.

Soyez tranquille; dans un instant, il sera guéri. (A part.) Maintenant que la loi est passée, il n'y a pas de danger. (Il passe près de M. de Miremont *. — Haut à M. de Miremont.) Voyons le pouls... (Il prend le bras de M. de Miremont, et cause tout en lui tâtant le pouls.) Le ministre m'a demandé de vos nouvelles.

M. DE MIREMONT.

Ah!

BERNARDET.

Je lui ai dit que je vous conseillais le repos, l'air de la campagne. (Lui tenant toujours le pouls.) Ne bougez pas... Et il m'a répondu: « Grace au ciel, il aura le temps, car voilà notre procès

* M. de Miremont, Bernardet, Edmond.

politique remis à trois mois, à la prochaine session. »

M. DE MIREMONT.

Comment?

BERNARDET, de même.

Le pouls est bo !

M. DE MIREMONT, avec joie.

Le procès est remis?

BERNARDET.

C'est officiel... on vous le dira.

EDMOND.

Oui, monsieur.

M. DE MIREMONT.

Et que me disait donc ma femme?

BERNARDET, froidement.

Elle se sera trompée... (Tenant toujours le pouls.) Pas de fréquence, pas d'agitation, pas de chaleur; vous devez aller mieux.

M. DE MIREMONT, hésitant.

C'est vrai; je ne dis pas non.

BERNARDET.

Le pouls marche à merveille; la fièvre a disparu, vous pouvez sortir.

M. DE MIREMONT.

Vous croyez?

BERNARDET.

J'en réponds.

M. DE MIREMONT.

Alors, vite, mes chevaux!

BERNARDET, bas à Edmond.

Quest-ce que je vous disais!

EDMOND, stupéfait.

Je n'en reviens pas!

M. DE MIREMONT, au domestique.

Mes chevaux à l'instant!

BERNARDET.

C'est inutile; les moments sont précieux, ma voiture est en bas, prenez-la.

EDMOND.

Quoi! vous voulez?...

BERNARDET.

Certainement! Est-ce qu'on se gêne, entre amis? (Au domestique.) Le chapeau de votre maître, sa douillette, ses gants; allons, dépêchons!

EDMOND, à Bernardet.

Ah! mon cher ami, que ne vous devrai-je pas?

BERNARDET, riant.

Une place de député.

EDMOND.

Plus encore !... le bonheur de ma vie entière. Vous serez à mon mariage, vous serez mon témoin, je le veux.

BERNARDET, étonné.

Comment?

EDMOND.

Eh! oui; mademoiselle Agathe, que j'épouse; son père y consent; c'est sa belle-mère qui a parlé pour moi, qui m'a protégé.

BERNARDET.

Madame de Miremont!...

EDMOND.

Tout est convenu... si je suis nommé.

BERNARDET, à part.

O ciel!

M. DE MIREMONT, qui a mis ses gants, sa douillette et son chapeau, venant prendre Edmond par le bras.

Allons, allons, partons vite! et puisque le docteur le veut, prenons sa voiture!

(Ils sortent.)

SCÈNE VI.

BERNARDET, seul, se promenant avec agitation.

L'ai-je bien entendu! c'est moi, moi Bernardet, que l'on a pris pour dupe, que l'on a fait servir de compère, que l'on a joué comme un enfant; moi qui joue les autres! non, morbleu!... et j'apprendrai à madame de Miremont elle-même... La voilà...

SCÈNE VII.

CÉSARINE, BERNARDET.

CÉSARINE, entrant vivement.

Tenez, tenez, docteur, voici une lettre détaillée que j'écris au ministre. Sonnez, qu'on la porte à l'instant même; allez vite, et peut-être sera-t-il encore temps.

BERNARDET, prenant la lettre et la déchirant en plusieurs morceaux.

Non, madame, il n'est plus temps.

CÉSARINE.

Que faites-vous? perdez-vous la tête?

BERNARDET.

Il n'est plus temps de m'abuser; je sais tout.

CÉSARINE.

Vous ne savez rien! Et mon mari, où est-il?

BERNARDET, avec colère.

Parti avec Edmond, parti pour les élections, et c'est moi qui l'y ai décidé!

CÉSARINE.

O ciel!

BERNARDET, avec ironie.

Vous triomphez!

CÉSARINE, désespérée.

Au contraire!... Qu'avez-vous fait?... Vous nous perdez!

BERNARDET.

A d'autres; on ne me trompe pas deux fois!

CÉSARINE.

Écoutez-moi...

BERNARDET.

Mais grace au ciel, je puis encore vous faire repentir de votre trahison; je puis renverser M. de Varennes.

CÉSARINE, avec joie.

Est-il vrai?

BERNARDET.

Je cours au collège électoral... je dévoilerai

tout haut les manœuvres, les intrigues que l'on a fait jouer... car il y en a eu... je le sais... j'en ai les preuves.

CÉSARINE.

C'est bien!

BERNARDET.

Je les donnerai même, s'il le faut.

CÉSARINE, l'encourageant.

C'est bien... c'est ce que je veux... c'est ce que je demande.

BERNARDET.

Vous... je ne vous crois plus!

CÉSARINE.

N'importe!.... allez... allez donc.... partez vite... je vous en prie... je vous en conjure.

BERNARDET.

Et vous serez satisfaite, car j'y vais à l'instant.

SCÈNE VIII.

CÉSARINE, OSCAR, BERNARDET.

OSCAR, paraissant à la porte du fond et retenant Bernardet qui va sortir.

Non, monsieur, vous n'irez pas!

BERNARDET.

A qui en a celui-là?

OSCAR.

A vous qui m'avez joué... qui m'avez trahi... Ce n'est pas moi que vous portez comme député; c'en est un autre.

BERNARDET.

C'est faux!

OSCAR.

Vous avez donné le mot à nos camarades, qui m'ont tous abandonné.

BERNARDET.

Dans votre intérêt. Je vous expliquerai plus tard... Laissez-moi sortir!

OSCAR, le retenant toujours par la main.

Non, vous ne sortirez pas... je ne vous quitte pas... Je suis un bon enfant... mais je n'aime pas qu'on se moque de moi.

BERNARDET.

Écoutez-moi!

OSCAR.

Je n'écoute rien!... J'ai commandé un dîner de cent couverts et des bouquets aux dames de la halle... j'ai dit à tout le monde que je serais député... je le serai!

BERNARDET.

Et c'est justement à cela que je vais travailler... et vous m'en empêchez, vous me retenez... chaque instant de retard peut faire nommer votre rival.

CÉSARINE.

Eh oui! sans doute... (A part.) Et cette réponse que l'on attend... (Haut.) Laissez-le aller.

(Elle sort par la porte à gauche.)

OSCAR.

Quoi! vraiment! C'est bien différent; partez vite.

ooooooooooooooooooooooooooooooooooooooooooooooooo

SCÈNE IX.

M. DE MONTLUCAR, BERNARDET, OSCAR.

M. DE MONTLUCAR, retenant Bernardet qui fait un pas pour sortir.

Un instant, monsieur le docteur, cela ne se passera pas ainsi!

BERNARDET.

Encore un autre à présent!

M. DE MONTLUCAR.

Vous m'annoncez que M. de Miremont est malade, qu'il est à l'extrémité... (à voix haute et regardant autour de lui.) une nouvelle qui me désole... vous me laissez faire des visites pour demander sa place à l'académie... et qu'est-ce que je rencontre à l'instant même? monsieur de Miremont en parfaite santé... se rendant aux élections avec Edmond, dans votre propre voiture.

OSCAR.

Dans votre voiture... vous l'entendez!

BERNARDET, criant.

Qu'est-ce que cela prouve?...Cela empêche-t-il que je ne vous sois dévoué?... que je ne l'aie toujours été? Ce n'est pas moi, c'est madame de Miremont qui vous a trahi!

OSCAR.

Quoi! ma cousine? Ce n'est pas possible!

ooooooooooooooooooooooooooooooooooooooooooooooooo

SCÈNE X.

M. DE MONTLUCAR, DUTILLET, SAINT-ESTÈVE, DESROUSEAUX, BERNARDET, OSCAR, PLUSIEURS CAMARADES.

DUTILLET.

Victoire! mon cher docteur. Vous pouvez dire à madame de Miremont que tout va à merveille... les affiches, les annonces, les journaux; il n'est plus question que de notre candidat, et tout fait espérer qu'Edmond sera nommé!

BERNARDET, avec colère.

Edmond!...

DUTILLET.

Et d'après vos instructions...

OSCAR, à Bernardet, à demi-voix et lui serrant la main.

Je ne le lui fais pas dire... d'après vos instructions.

DUTILLET.

Nous avons prévenu les jeunes gens de l'école de Droit, de l'école de Médecine; nous aurons un triomphe... des bouquets, de la musique...

BERNARDET.

Permettez... j'avais commandé tout cela pour Oscar.

DESROUSEAUX.

D'abord... mais il y a eu contre-ordre!

BERNARDET, vivement.

Il y en a un nouveau.

SAINT-ESTÈVE.

Est-ce qu'on peut le deviner?

BERNARDET.

Vous êtes des maladroits!

DUTILLET.

Et vous un brouillon!

SAINT-ESTÈVE.

Une girouette!

M. DE MONTLUCAR.

Un intrigant!

BERNARDET.

M. de Montlucar...

M. DE MONTLUCAR.

M. le docteur...

BERNARDET.

Vous oubliez ce que vous nous devez...

M. DE MONTLUCAR.

Et vous qui je suis... cela m'apprendra à m'encanailler!

TOUS, criant.

S'encanailler... c'est trop fort!

OSCAR, criant.

C'est le mot!

(Il passe auprès de Montlucar.)

DESROUSEAUX, de même.

Il est juste.

SAINT-ESTÈVE.

Vous nous en rendrez raison!

M. DE MONTLUCAR.

Quand vous voudrez.

TOUS.

A l'instant même.

(Le désordre est au comble. Tous se disputent et se menacent; tous les camarades vont s'élancer l'un sur l'autre.)

ooooooooooooooooooooooooooooooooooooooooooooooooo

SCÈNE XI.

MONTLUCAR, DESROUSEAUX, OSCAR; M. DE MIREMONT, entrant par le fond avec CÉSARINE; BERNARDET, DUTILLET, SAINT-ESTÈVE.

M. DE MIREMONT, paraissant à la porte du fond.

Quoi! chez moi! des camarades! des amis prêts à se battre!

M. DE MONTLUCAR, stupéfait.

M. de Miremont!

DUTILLET, de même.

Nous qui le croyions si malade! d'où venez-vous donc ainsi?

M. DE MIREMONT.

Des élections... mais nous n'avons pas eu besoin d'aller jusque là... car à moitié chemin... la nouvelle nous est arrivée.

TOUS.

Et laquelle ?

M. DE MIREMONT.

Tenez, l'entendez-vous ?

(On entend en dehors des acclamations.)

SCÈNE XII.

MONTLUCAR, DESROUSEAUX, OSCAR, AGATHE; EDMOND, entouré d'amis, de jeunes gens qui le félicitent ; ZOÉ, CÉSARINE, M. DE MIREMONT, BERNARDET, DU-TILLET, SAINT-ESTÈVE.

AGATHE.

Il est nommé !

ZOÉ.

Et des compliments, des bouquets !

EDMOND.

Ah! mes amis... monsieur de Miremont... mon cher docteur... (A Césarine.) Et vous, ma protectrice, que ne vous dois-je pas ?

ZOÉ, à Césarine.

Il vous doit tout, d'abord !

CÉSARINE, avec colère, et à demi-voix.

Zoé !...

ZOÉ.

Ce n'est que ma première leçon... je ferai peut-être mieux à la seconde.

(Elle quitte Césarine et passe à gauche près d'Oscar*.)

EDMOND.

Ah! que j'étais injuste! ce matin encore je me plaignais des hommes et du sort... j'accusais mon siècle de partialité, d'intrigues, de cabale...et je vois maintenant...(regardant Césarine.) qu'il y a encore amitié véritable... (regardant Bernardet.) et désintéressée... (regardant les autres camarades.) qu'on peut parvenir sans coteries... sans honteuses manœuvres.

ZOÉ, le regardant avec compassion.

Pauvre jeune homme !

OSCAR, à Zoé.

Eh bien ! vous le voyez par lui, qui refusait notre secours... on arrive quand on a des camarades.

ZOÉ.

Oui, monsieur... mais on reste quand on a du talent !

* Montlucar, Desrouseaux, Oscar, Zoé, Agathe, Edmond, Césarine, M. de Miremont, Bernardet, Dutillet, Saint-Estève.

FIN DE LA CAMARADERIE.

Paris. — Imprimerie de BOULÉ, rue Coq-Héron, 5.

www.ingramcontent.com/pod-product-compliance
Lightning Source LLC
LaVergne TN
LVHW022139080426
835511LV00007B/1175